발표 천재, 스티브 잡스가 가르쳐 주는
스티브 잡스 발표법

초판 1쇄 인쇄 2012년 7월 10일
초판 2쇄 발행 2012년 11월 2일

지은이 서지원 | **그린이** 경하
발행인 양원석 | **총편집인** 이헌상
편집장 전혜원 | **기획편집** 이희자 | **디자인** 미르
마케팅 김경만, 곽희은, 우지연, 송기현
제작 문태일, 김수진 | **펴낸곳** (주)알에이치코리아
주소 153-802 서울시 금천구 가산디지털2로 53, 20층(한라시그마밸리)
문의 02-6443-8870(내용), 02-6443-8838(구입), 02-6443-8962(팩스)
홈페이지 www.jrrhk.com | **등록** 2004년 1월 15일 제2-3726호

ⓒ 서지원 · 경하, 2012
ISBN 978-89-255-4665-0 (73810)

※ 책값은 뒤표지에 있습니다.
※ 맞춤법과 띄어쓰기는 국립국어원의 기준에 따랐습니다.
※ 잘못된 책은 구입하신 곳에서 바꾸어 드립니다.
△주의 : 책 모서리가 날카로워 다칠 수 있으니 사람을 향해 던지거나 떨어뜨리지 마십시오.

RHK 는 랜덤하우스코리아의 새 이름입니다.

발표 천재, 스티브 잡스가 가르쳐 주는

스티브 잡스
발표법

서지원 글 | 경하 그림

주니어 RHK

머리말

스티브 잡스가 꿈을 이룰 수 있었던 발표의 기술

꿈을 이루려고 노력하는 사람은 아름답습니다. 꿈이 없다면, 그것은 목적지가 없는 배와 같습니다. 바다 한가운데에서 목적지가 없는 배에 타고 있다고 생각해 보세요. 얼마나 답답하고, 두렵고, 괴로울까요? '꿈'이란 바로 여러분이 탄 배의 목적지입니다. 여러분에게 목적지가 생기는 순간, 어떤 두려움과 괴로움도 이겨 낼 수 있습니다.

어린 시절 스티브 잡스는 꿈이 없었습니다. 태어나자마자 엄마 아빠에게 버림을 받고, 양부모에게 입양되어 자랐습니다. 그래서 상처가 많은 아이였습니다. 학교도 거의 다니지 않아서 양부모님과 선생님 속을 썩였습니다.

그러던 스티브 잡스를 변화시킨 것은 바로 '꿈'이었습니다. 초등학교 4학년 때 우연히 전자 조립품을 만지게 되면서 전자 공학의 매력에 빠지게 됐고, 어른이 되면 전자 공학 쪽 일을 해 보겠다는 막연한 미래를 꿈꾸었지요. 스티브 잡스는 대학을 한 학기밖에 다니지 않았습니다. 그러나 스스로 공부해서 컴퓨터와 정보통신(IT) 분야의 전문가가 되었습니다. 그것도 전 세계 최고의 전문가 말입니다.

스티브 잡스가 꿈을 이룰 수 있었던 배경에는 '발표의 기술'이 있었습니다. 스티브 잡스는 발표를 정말 잘했습니다. 발표의 기술 쪽에서도 세계 최고의 달인이었습니다. 누구에게 배운 것이 아닙니다. 대학교를 다닌 것도 아닙니다. 스스로 공부하고, 스스로 터득한 것입니다. 스티브 잡스는 천재였던 걸까요? 타고난 재능이 있었던 걸까요?

여러분은 학교에서 발표를 해야 할 때 또는 회장 선거에 나가야 할 때 연습을 몇 번이나 하나요? 아마 하루나 이틀 정도 할 것입니다. 어떤 친구는 발표 하루 전날 잠깐 한다고 하더군요. 만약 스티브 잡스가 여러분이었다면, 몇 달 동안 수백, 수천 번을 연습했을 것입니다.

스티브 잡스가 발표를 잘했던 것은 엄청나게 노력하고, 연습했기 때문입니다. 제품 발표회를 준비하면 몇 개월 전부터 준비를 하고 연습을 했습니다. 하지만 스티브 잡스는 다른 사람들에게 자신이 연습을 많이 했다는 걸 보여 주기 싫었습니다. 그래서 일부러 평범한 검은 티셔츠와 청바지, 운동화를 신고 면도를 하지 않은 채 등장한 것입니다. 마치 방금 전에 집에서 쉬다가 나온 사람처럼요.

이 책에는 스티브 잡스가 세계적인 발표의 달인이 될 수 있었던 방법이 들어 있습니다. 그 방법은 보통 사람의 연습법과는 확실하게 다릅니다. 앞으로 여러분이 꿈을 이루려면 더더욱 발표를 잘해야 합니다. 다른 사람에게 자신의 생각을 정확하고, 확실하고, 감동적으로 전달할 수 있어야 하니까요. 성공은 여러분의 의지에 달려 있습니다!

여러분의 친구 서지원

머리말 스티브 잡스가 꿈을 이룰 수 있었던 발표의 기술 • 4

1장 고다 방송국의 터진 만두 8
스티브 잡스 프레젠테이션 1 설명하려 하지 말고 감동을 줘라! • 20

2장 날개 달린 현아, 추락한 혜리 • 22
도와줘요, 잡스! 발표하라고만 하면 막 떨려요 • 38

3장 소원 우체통 40
스티브 잡스 프레젠테이션 2 이야기를 만들어라! • 56

4장 초콜릿맨의 정체 • 58
도와줘요, 잡스! 발표란 게 어른이 되어서도 쓸모가 있나요? • 72

5장 얼렁뚱땅 계약서 74
스티브 잡스 프레젠테이션 3 핵심은 짧고 간결하게! • 82

6장 자신감이 생기는 주문 • 84
도와줘요, 잡스! 자연스럽고 논리적인 발표를 하려면? • 100

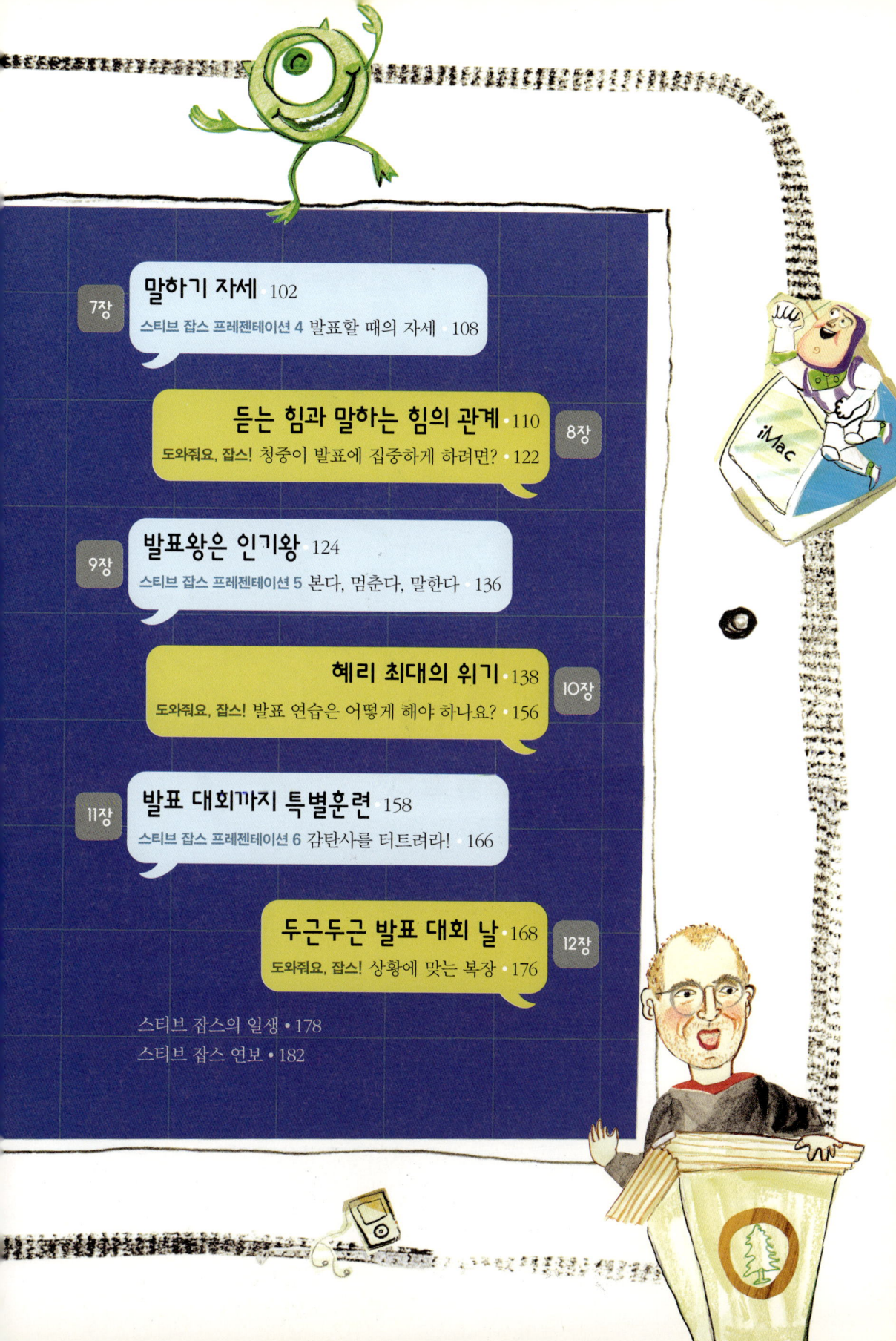

1장
고다 방송국의 터진 만두

"청취자 여러분! 밤새 안녕하셨나요? 여기는 태양계 지구별, 그것도 삼면이 바다로 둘러싸인 대한민국! 거기에서도 중심부 서울에 있는 고다 방송국입니다. 자, 우리 고다 방송국의 숨은 뜻은 모두 다 알고 계시죠? 그래요, 고민을 다 털어놓고 해결하는 방송국이란 거죠. 그래서 '고. 다.' 누구든 좋습니다. 어떤 고민이라도 좋아요. 팍팍 털어놔 주세요!"

시그널 음악과 함께 방송이 시작됐다. 진행자의 맑고 깨끗한 목소리가 남녀늘 구별하기에는 중성적이었다.

"오늘 태양계 날씨는 어제와 똑같고, 지구는 온난화 때문에 날씨가 좀 더 따끈따끈해졌습니다. 태평양에는 허리케인이 몰아치고 있으니 섬마을 주민 여러분께서는 빨래 조심하시고, 북극에는 빙하가 녹고 있으니 지나가는 배는 구경하시기 바랍니다. 네! 북극곰 아저씨가 더워서 털가죽을 벗고 수영복을 입고 싶다는 사연을 보내왔군요."

선생님들은 커피 잔을 든 채로 스피커 앞에 모여 앉아 있었다.

"와, 진짜 웃긴다. 이게 무슨 방송이라고?"

"고다 방송."

"고다? 그게 뭔데?"

한 선생님이 고개를 갸웃거렸다.

"에이, 아직 고다 방송도 몰라? 얼마나 유명한 방송인데! 고민 다 해결! 몰라? 이거 정말 유명한 인터넷 라디오 생방송인데."

"어머, 그런 것도 있었어?"

"고다 방송국 진행자는 음악 틀고, 멘트 짜고, 사연 읽고……. 그걸 전부 혼자서 한대."

"정말?"

"그렇다니까. 이 방송 재미있어서 할 때마다 빼놓지 않고 듣는 사람들도 꽤 많아. 인터넷에서 검색하면 '고다 폐인'이라는 팬클럽 사이트도 있는걸."

"고다 폐인?"

"고다 방송을 하루라도 안 들으면 귀가 찝찝하다는 사람들이지. 쉿! 진행자가 자기소개 할 시간이야. 들어 봐."

선생님들이 다시 라디오에 귀를 기울였다.

"네, 저는 고다 방송국에서 새롭게 진행을 맡은 터진 만두입니다.

제가 방송을 한 지 두 달쯤 됐으니까 이미 알 만한 분들은 다 아시겠지만, 혹시라도 오늘 처음 방송을 듣는 분들, 아직도 고다 방송 하면 초콜릿맨을 떠올리는 분들을 위해 소개합니다. 제가 왜 터진 만두인가 하면요. 입만 열었다 하면 터진 만두에서 속살이 밀려 나오듯, 말이 술술 터져 나온다고 해서 그런 거랍니다. 터진 만두의 고다 방송, 지금부터 시작해 볼까요?"

잔잔한 배경 음악과 함께 첫 번째 사연을 소개할 순간이 됐다. 그런데 잠시 터진 만두가 머뭇거렸다. 하지만 곧바로 차분한 음성으로 이렇게 말했다.

"초콜릿맨을 얘기했더니, 갑자기 그분 소식이 궁금해지네요. 얼마 전까지 진행을 맡았던 고다 방송국의 사장님이자 방송 진행자였던 초콜릿맨은 지금 어디서 무얼 하고 계실까요? 어딘가에서 톡톡 초콜릿을 까먹으면서 이 방송을 듣고 계실까요? 아니면 쿨쿨 잠이라도 주무시고 계실까요? 초콜릿맨 님도 고민이 있으면 언제든 터진 만두를 찾아 주시면 좋겠군요! 자, 고다 방송을 청취하는 40억 지구인 여러분! 여러분 가운데 고민이 있는 분이시라면 무조건 게시판에 올려 주시기 바랍니다. 제가 고민을 아주 시원하게 해결해 드리겠습니다. 40억 지구인이 고민 없는 그날까지 고다 방송은 계속됩니다! 주우욱~! 그럼 음악 듣겠습니다. 그룹 허수아비가 부르는 '내 다리는 하나'입니다!"

"하하하, 진행자 목소리가 통통 튀는 게 정말 매력적이야. 멘트도 진짜 발랄하고. 말을 어쩜 저렇게 재미있고 유쾌하게 하지? 말할 때 자신감이 넘치는 것 같아."

선생님들은 손뼉을 치며 까르르 웃었다.

"그렇지? 말하는 솜씨가 아나운서보다 뛰어난 것 같아. 또박또박 발음하면서도 전혀 딱딱하지 않아. 우스운 말도 어쩜 저렇게 적절히 섞어 가며 하는지!"

선생님들은 서로 칭찬을 늘어놓으면서 수다를 떨었다.

진수는 그런 선생님들의 대화를 슬그머니 엿들었다. 진수의 얼굴에는 뜻을 알 수 없는 묘한 미소가 머금어져 있었다.

'히히, 터진 만두가 누군지 아시면 깜짝 놀라실걸요? 터진 만두는 바로······!'

진수는 속으로 이렇게 생각하다가 침을 꿀꺽 삼켰다. 비록 마음속으로 하는 말일지라도 터진 만두의 정체를 말해서는 안 된다는 생각이 들었다. 진수는 말하고 싶어 근질근질한 입을 손가락으로 꾹 눌렀다.

고다 방송은 청취자가 고민을 털어놓고, 해결하는 라디오 방송이다. 인터넷 방송이긴 하지만, 진행자가 청취자와 함께 마음을 툭 터

놓고 주고받는 대화 형식으로 진행되기 때문에 사람들의 참여도가 아주 높다. 진행자가 청취자와 함께 화도 내고, 바닥을 구르면서 함께 웃기도 하고, 생각지도 못한 기발한 음모를 짜기도 한다.

한번은 키가 작아서 고민이라는 청취자가 사연을 올린 적이 있다. 그때 진행자가 이런 말을 했다.

"키가 작아서 숨쉬기가 어렵나요? 그렇다면 키를 늘일 게 아니라 콧구멍을 넓혀야 해요. 그건 아주 심각한 문제니까요. 그게 아니라면 심각할 필요가 없답니다. 키는 깔창으로도 얼마든지 키울 수 있거든요. 콧구멍에 깔창을 끼우는 것보단 낫잖아요? 그러니까 키 작은 사람이 아니라 콧구멍 좁은 사람이 고민을 보내 주셔야겠습니다. 자, 여러분의 사연을 기다립니다. 콧구멍이 좁아서 서러운 사연, 팍팍 올려 주세요! 그럼 키 작은 분들한테 위로가 될 테니까요!"

그때 버스를 타고 가던 사람들이 동시에 웃음을 픽 터트렸다. 모두 같은 방송을 듣고 있던 모양이었다. 사람들은 친근한 눈초리로 서로를 바라보며 다시 각자의 방송에 집중했다.

"안녕히 계세요."

진수가 선생님들을 향해 소리쳤다.

"오, 그래, 아직도 여기 있었어? 잘 가."

선생님들은 라디오 방송을 듣느라 정신이 팔려 있었다. 진수가 꾸

벅 인사를 하자, 선생님들은 손짓으로 인사를 대신했다.

'큭……!'

진수는 또 한 번 웃음을 참았다.

학교를 빠져나온 진수는 서둘러 발걸음을 옮겼다. 고다 방송이 끝나기 전에 도착해야 할 곳이 있기 때문이었다.

똑똑똑.

진수는 방문을 두드렸다.

방문 앞에는 '고다 방송국'이란 글씨가 형광 빛을 내면서 반짝이고 있었다. 그 밑의 작은 칠판에는 '지금은 방송 중'이라고 쓰여 있었다.

진수는 조심스럽게 방문을 열었다. 방 안에서는 터진 만두가 컴퓨터 앞에 앉아 헤드폰을 쓴 채 헤드폰에 붙어 있는 마이크에 대고 침이 튀도록 외치고 있있다.

진수와 터진 만두가 눈짓으로 신호를 교환했다.

"아, 방금 오늘의 게스트께서 오셨군요. 아깝습니다, 조금만 더 늦었으면 코너를 확 빼 버릴 수 있었는데!"

터진 만두는 의자를 가리키며 진수에게 앉으라고 손짓을 했다.

"안녕하세요, 청취자 여러분. 구사일생으로 잘릴 위기에서 살아난 저는 찐빵 소년이라고 합니다. 터진 만두와는 둘도 없는 친구이지

요. 우리 같은 사이를 소울 메이트라고 하더군요. 핫핫핫!"

진수가 입을 크게 벌리며 웃었다.

"사실 틀린 말은 아니지요. 오늘의 진행자 터진 만두가 있기까지는 찐빵 소년 님의 적극적인 도움이 있었답니다. 자, 그건 그렇고 찐빵 소년 님은 지금 어디를 다녀오시는 길인가요?"

"저는 고다 폐인들을 만나고 왔습니다. 하루라도 고다 방송을 듣지 않으면 사는 게 재미없다는 폐인이 점점 늘어나고 있더군요."

"아! 고다 방송의 인기가 이렇게 치솟을 줄이야!"

터진 만두가 한쪽 팔을 번쩍 들면서 소리쳤다. 그리고 다시 모니터를 보며 외쳤다.

"앗! 지금 제게 항의 쪽지가 마구 날아오고 있습니다. 고다 방송국의 대화방은 참여할 수 있는 인원이 딱 백 명이지요. 선착순 백 명 안에 들지 못한 분들이 대화방의 인원을 더 늘려 달라고 아우성인데요, 어쩌나요. 이건 터진 만두도 해결하지 못하는 심각한 문제가 아닐 수 없군요."

터진 만두의 입에서는 아쉬운 목소리가 흘러나왔지만, 입가에는 흐뭇한 미소가 걸려 있었다.

"대신 오늘은 사연을 더 많이 소개해 드릴게요. 자, 오늘의 사연입니다."

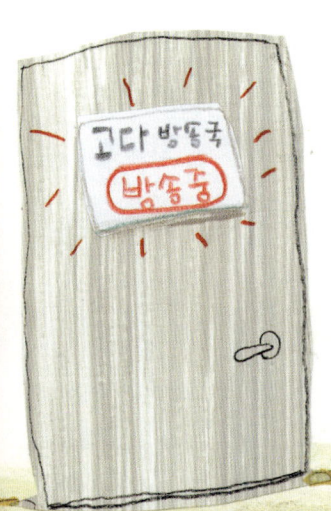
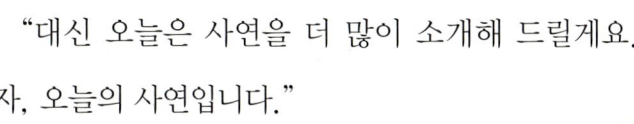

터진 만두와 찐빵 소년은 주거니 받거니 하면서 게시판에 올라온 사연을 읽었다. 방송을 듣던 사람들의 입에서는 웃음이 터져 나왔다. 대화방에는 '재미있어요!', '더 방송해 주세요!', '24시간 방송은 불가능한가요?'라는 글이 연이어 올라왔다.

터진 만두가 목청을 가다듬었다.

"아, 아쉽군요. 어느덧 방송을 마쳐야 할 시간이 다가왔습니다. 하지만 오늘만 날인가요? 내일도, 모레도, 글피도 고다 방송은 계속됩니다. 40억 지구인이 고민 없는 그날까지 주우욱!"

터진 만두는 마지막 외침과 함께 마이크를 껐다.

"휴, 오늘도 대성공이야!"

실제로는 앳된 소녀 목소리를 가진 터진 만두의 정체는 바로 혜리였다. 혜리는 두 팔을 벌리면서 기지개를 켰다. 진수는 그런 혜리를 보며 해맑게 웃었다.

"혜리야, 나는 요즘 임금님의 머리를 깎았던 이발사가 된 기분이야."

진수가 말했다.

"갑자기 웬 이발사?"

"임금님 귀는 당나귀 귀라고 소리치고 싶어 하던 그 이발사 말이야. 사람들만 보면 입이 근질근질해서 견딜 수가 없어. 네가 터진 만두라는 걸 알게 되면 세상 사람들이 얼마나 놀랄까?"

"하하하! 그래도 절대 비밀이야. 쉿!"

혜리가 손가락을 입술에 갖다 댔다.

"나도 알아. 인터넷 라디오 방송 가운데 가장 인기 있는 고다 방송 진행자 터진 만두가 겨우 열두 살짜리 여자아이란 사실이 밝혀져 봐. 사람들이 거품을 물고 기절할걸? 심장마비를 일으킬 사람도 생길지 몰라."

"에이, 그 정도일까?"

"그럼! 나만 해도 믿기지 않는걸. 친구들 앞에서 말 한마디 제대로 못하던 네가 몇 달 사이에 이렇게 변하다니! 진짜 대단해!"

"하긴, 나도 지금의 내 모습을 보고 놀라곤 해. 역시 스승님은 대단해! 가끔은 엄마한테 비밀을 털어놓고 싶어질 때도 있어. 그래도 초콜릿맨 아저씨와 약속했으니까 비밀은 꼭 지켜야겠지?"

"응, 알았어. 내 입을 꿰매서라도 비밀은 꼭 지킬게!"

혜리가 싱긋 웃으며 진수에게 오른쪽 손바닥을 보여 주었다. 진수도 씩 웃으며 철썩 소리가 날 만큼 멋지게 하이파이브를 했다. 둘의 입가에 또 묘한 미소가 번졌다.

스티브 잡스 프레젠테이션 1

설명하려 하지 말고
감동을 줘라!

사람들이 말합니다.

"스티브 잡스의 발표를 보고 있으면 나도 모르게 열정적이 돼. 마음 깊은 곳에서 삶에 대한 열정이 떠오르고, 세상을 바꾸고 싶다는 감정으로 가득 차."

그렇습니다. 제 발표의 가장 큰 매력은 바로 '열정'이지요. 사람들이 제 발표에서 얻고 싶은 것은 제품에 대한 설명이 아니라, 삶에 대한 열정입니다. 저는 차분한 목소리로 말하지만, 마음속에 품은 뜨거운 감정은 고스란히 전달되니까요.

사람들이 애플을 사는 이유는, 애플이 다른 경쟁사의 제품보다 훌륭하기 때문만은 아닙니다. 바로 제가 전달한 열정 때문이지요. 이 열정은 유행처럼 퍼지고, 사람들은 이 열정을 갖고 싶어서 애플을 사기도 합니다.

여러분이 발표를 잘하면 여러분의 열정이 청중에게 전해질 것이고, 청중은 여러분의 열정을 가슴에 간직하고, 여러분을 지지하게 될 것입니다. 그것이 중요하지요. 단지 여러분의 발표를 듣는 게 아니라, 여러분에게 매력을 느끼고, 여러분과 뜻을 함께한다는 것 말입니다.

훌륭한 발표자는 제품을 파는 게 아닙니다. 마음을 전달하는 것입니다. 저 또한 제품을 파는 게 아닙니다. 열정을 전달하고, 세상을 바꾸는 힘을 전달하는 것입니다. 저는 청중이 잠재력을 갖고 있다고 생각합니다. 청중은 엄청난 힘을 갖고 있지만, 그 힘을 사용할 줄 모를 뿐이라고요. 그래서 청중에게 제 열정을 전달해 잠재력을 발휘할 수 있게 해 줍니다. 잠재력을 발휘할 수 있게 해 주는 도구 중 하나가 바로 애플의 제품이었고요.

여러분이 정말 발표를 잘하고 싶다면, 사람들에게 감동을 주세요. 마음을 나누세요. 청중이 세상을 바꿀 수 있다는 잠재력을 깨닫게 하세요. 세상에 꼭 필요한 가치를 전달하세요. 여러분이 진심으로 말한다면, 그 진심을 청중은 들어줄 것입니다. 그리고 그 진심이 감동을 줄 것입니다. 진심은 어렵고 복잡한 말이 아니라, 쉽고, 단순하지만, 진실이 담긴 말입니다. 만약 여러분의 진실을 나눌 수만 있다면, 여러분의 발표는 성공한 것입니다.

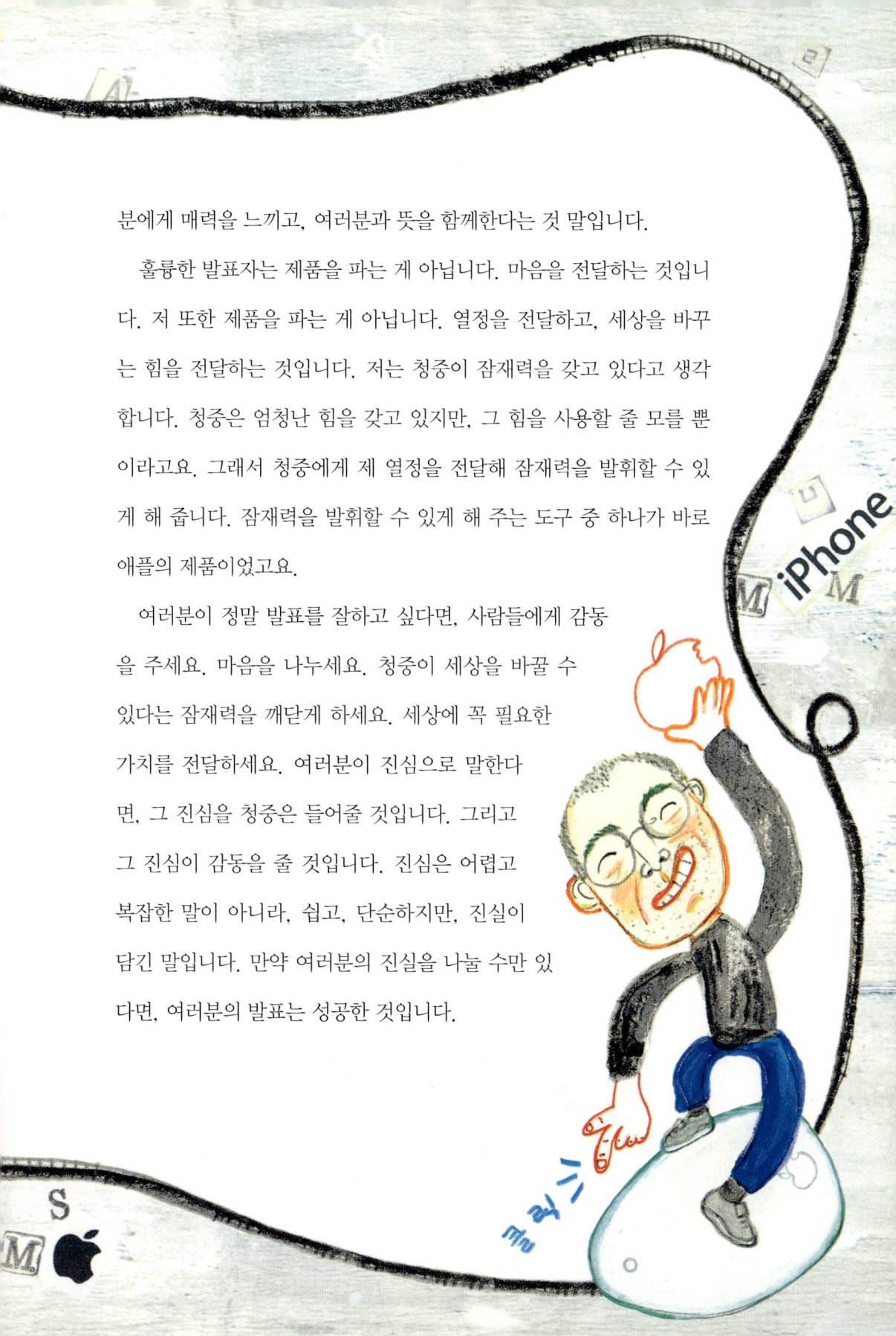

　혜리에게 아주 특별한 일이 생긴 것은 지금으로부터 6개월 전이었다. 5학년 새 학기가 시작된 지 얼마 되지 않았던 무렵이었다. 학교 운동장에는 여전히 찬바람이 불고 있었고, 그늘진 곳에는 채 녹지 않은 눈덩이가 드문드문 남아 있었다. 봄이 온 줄 알고 활짝 피어 버린 개나리꽃은 어깨를 잔뜩 움츠린 채 '추워요, 추워요.'라고 하면서 몸을 떨던 그때, 5학년 3반 교실에서는 한바탕 요란한 사건이 벌어졌다. 그 사건은 바로 학급 회장 선거였다.

　"우리 반 회장은 강무호야! 다들 무호를 찍어야 해!"

　무호와 절친한 재철이가 의자에 올라가 소리쳤다.

　"쳇! 경험도 없는 무호가 무슨 수로 회장을 하겠다는 거야? 회장은 최현아야. 현아는 반 회장 선거는 물론이고, 전교 회장 선거에도 나갈 몸이라고."

　팔짱을 낀 아름이가 따지듯 소리쳤다.

　아이들은 두 편으로 나뉘어 선거 전쟁을 하기 시작했다. 한쪽은 무호를 지지하는 아이들이었고, 또 다른 한쪽은 최현아를 지지하는 아이들이었다.

"회장은 남자가 하는 거야. 현아는 여자니까 부회장이나 해."

무호가 아이들을 둘러보며 말했다.

"회장에 남자, 여자가 어디 있어? 남녀평등도 몰라?"

주희가 퉁명스럽게 말하며 무호를 노려봤다. 그래도 무호와 재철이는 아랑곳하지 않았다.

재철이가 의자에 올라가서 소리쳤다.

"강무호! 5학년 3반 회장은 강무호! 남자는 모두 무호를 찍어라! 여자도 모두 무호를 찍어라!"

"야, 시끄러워! 소리 좀 치지 마."

혜리가 재철이를 향해 빽 소리쳤다. 그러자 현아가 혜리 쪽을 돌아보았다. 혜리는 자기도 모르게 멈칫하며 고개를 숙였다. 그러자 현아가 피식 웃더니 고개를 돌렸다.

무호와 달리 현아는 무척 여유로워 보였다. 마치 선거에는 관심조차 없다는 얼굴이었다. 현아는 아름이와 소곤소곤 이야기를 나누고 있었다. 혜리는 현아의 모습을 물끄러미 바라보았다. 크고 동그란 눈, 우유처럼 흰 얼굴, 딸기처럼 빨간 입술, 톡 튀어나온 이마에 까만 머리카락이 눈부실 만큼 예뻐 보였다. 혜리는 그런 현아가 몹시 부러웠다.

사실 현아는 연예인이나 마찬가지였다. 현아는 텔레비전에서 하는 〈으라차차 짝꿍 만세〉라는 어린이 프로그램에 출연하고 있었다. 현아는 그 프로그램의 리포터인데, 일주일에 두 번씩 시골 마을을 방문하거나, 박람회장을 찾아가거나, 유명한 선생님을 만나기도 했다.

"안녕하세요, 저는 〈으라차차 짝꿍 만세〉의 리포터 최현아라고 합니다. 네, 오늘은 뻥튀기 공장을 찾아왔습니다. 어린이 친구들, 평소에 뻥튀기를 어떻게 만드는지 궁금한 적 많았죠? 제가 그 궁금증을 팍팍 해결해 드릴게요!"

또박또박한 말투로 여유 있게 말하는 현아를 볼 때마다 혜리는 부러워서 입이 쩍 벌어졌다. '나도 현아처럼 하나도 떨지 않고 말을 잘할 수 있으면 얼마나 좋을까?'라고 생각한 게 한두 번이 아니었다. 그런 생각은 비단 나만 했던 게 아니었나 보다. 한번은 친구들이 현아에게 "넌 어쩜 그렇게 말을 잘하니?" 하고 물은 적이 있었다. 혜리도 현아의 비법을 들으려고 귀를 쫑긋하고 있었다. 그때 현아는 미소를 지으며 "글쎄, 어려서부터 대본을 많이 봐서 그런가? 나야 어렸을 때부터 탤런트 활동을 했으니까 말이야."라고 말했다. 그 대답을 듣자 나도 모르게 "그럼 그렇지."라는 말이 나왔다. 역시 현아여서 가능한 거였다. '나 같은 아이는 죽었다 깨어나도 현아처럼 될 수 없는 거구나.' 하는 생각에 실망스러웠기 때문이었다.

'현아는 좋겠다…….'

예쁘고, 똑똑하고, 말도 잘하는 현아를 보고 있노라면 마치 주위에 환한 빛이 반짝이고 있다는 착각이 들 정도였다.

"보나 마나야. 현아가 이번에도 우리 반 회장을 할 거야. 현아는 3학년 때부터 한 번도 회장을 놓친 적이 없잖아."

옆에 앉은 희수가 들릴 듯 말 듯한 목소리로 중얼거렸.

때마침 현아는 윤기 나는 긴 생머리를 살짝 귀 뒤로 넘기면서 방긋 웃었다. 혜리도 고개를 끄덕였다.

"좀 전까지만 해도 무효를 찍어야 한다면서 똘똘 뭉쳤던 남자애들이 현아 편이 된 것 같아."

"네가 느끼기에도 그렇지? 현아가 아까 남자애들한테 '애들아, 너희도 날 찍어 줄 거지?' 하고 말하면서 눈을 반짝거리는데, 남자애들 표정이 달라지더라니까."

혜리는 이미 승자가 정해졌다고 생각했다.

'무호가 꽤 실망하겠네.'

혜리는 이렇게 생각하며 책을 펼쳤다. 이윽고 수업 시작을 알리는 종이 울렸다. 복도 쪽으로 목을 빼고 있던 만호가 소리쳤다.

"얘들아, 선생님 오신다!"

우르르 흩어져 있던 아이들은 각자의 자리로 돌아가 앉았다. 단 몇 초만의 일이었다. 드르륵 교실 문이 열리고 선생님이 들어왔다. 선생님은 아이들을 둘러보며 말했다.

"오늘 우리 반 회장, 부회장 선거하는 날이지?"

"네!"

아이들이 동시에 대답했다.

"선거하는 방법이야 여러 번 해 봤으니까 다들 잘 알 테고. 자, 시작해 볼까? 후보 추천부터 받기로 하자."

재철이가 기다렸다는 듯이 손을 번쩍 들고는 강무호를 추천했다. 그러자 아름이도 질세라 손을 들고는 최현아를 추천했다.

"후보가 더는 없니? 투표를 시작할까?"

"선생님!"

그때 진수가 손을 들었다.

"누구를 추천할래?"

"저는 황혜리를 추천하고 싶습니다!"

"혜리를?"

선생님마저 놀라는 얼굴이었다. 아이들이 모두 진수와 혜리를 번갈아 쳐다봤다. 혜리는 너무 놀라 입이 절반쯤 벌어졌다. 하마터면 '아니! 가만있는 나를 왜?' 하고 소리칠 뻔했다.

"좋아. 누구라도 후보가 될 수 있지."

선생님은 그렇게 말하고 칠판에 세 명의 이름을 나란히 썼다.

곧바로 후보 연설이 시작됐다.

먼저 무호가 종이를 들고 교탁 앞으로 걸어 나왔다.

"저는 앞으로 우리 반에서 친구들이 싸우지 않고 사이좋게 지내는 반으로 만들겠습니다. 또 저는 한 달에 한 번씩 생일 파티도 하고······."

무호는 거창한 연설문을 발표하기 시작했다. 하지만 아이들의 반응은 시큰둥했다. 반 회장 선거 때마다 들어 온 연설과 비슷했기 때문이었다.

무호가 자리로 들어가자, 현아가 걸어 나왔다. 교탁 앞에 선 현아가 아이들을 빙 둘러 보았다. 그러자 웅성거리던 아이들이 순신간에 조용해졌다. 모두 초롱초롱한 눈빛으로 칠판 앞에 서 있는 현아를 바라보았다. 마치 현아가 요술이라도 부린 것 같았다.

"여러분도 아시겠지만, 저는 3학년 때부터 줄곧 회장을 해 왔어요. 저는 방송을 자주 하는데, 방송을 잘하려면 무엇보다 경험이 중요하지요. 학급 회장 일도 마찬가지라고 생각해요. 뽑아 주신다면, 그동안 제 경험을 살려 우리 반을 잘 이끌어 보겠습니다."

현아가 한 말은 그것이 전부였다. 하지만 무호가 발표했을 때와는 뭔가 다른 분위기였다.

현아의 몸에서 뿜어져 나오는 그 차분하면서 도도한 기운은 우리 반 아이 모두를 사로잡았다. 조금도 떨거나 망설이지 않았다. 듣는 사람 누구라도 공감하게 하는 말투와 표정, 무엇이든 해낼 수 있다는 자신감이 현아의 손짓 하나, 표정 하나에서 그대로 묻어났다.

'어쩜 저렇게 말소리가 분명하고 또렷하게 들릴 수 있지?'

현아가 말하는 것을 듣고 있노라니, 꼭 방송국 스튜디오에서 아나운서가 코앞에서 말하는 것 같은 기분이었다. 다른 아이들도 혜리와 비슷한 감정을 느낀 듯했다. 아이들은 모두 현아의 이야기에 집중했다.

"저는 비록 큰 재주는 없지만, 여러분을 위한 마음으로 노력하고 싶습니다. 마지막으로 제 이야기를 끝까지 들어 주신 여러분께 감사 드립니다."

연설을 마친 현아가 허리를 숙여 인사하자, 아이들은 일제히 손뼉

을 쳤다.

"다음, 황혜리."

선생님이 혜리를 바라봤다. 혜리는 어찌해야 좋을지 몰라 얼떨떨한 표정으로 앉아만 있었다. 선생님이 '뭐 하고 있니?' 하는 얼굴로 눈짓을 했다. 혜리는 가까스로 일어나 교탁을 향해 걸었다. 순간 반 아이들의 시선이 일제히 혜리를 향했다. 일흔 개나 되는 눈동자가 동시에 혜리를 쏘아보는 느낌이었다. 혜리는 그 눈동자들이 화살로 변해 자신에게 날아오는 것 같았다.

교탁 앞에 이르자 혜리는 머릿속이 새하얗게 변했다. 무슨 말을 해야 할지, 어떤 자세로 있어야 할지, 아무것도 떠오르지 않았다. 몸이 굳어 목소리도 나오지 않고 움직일 수도 없었다.

"시작해야지?"

선생님이 독촉을 했다. 혜리는 마른침을 꿀꺽 삼켰다.

"제…… 제가…… 회장이 되면……."

혜리는 말을 심하게 더듬었다. 얼굴이 화르륵 달아올랐고, 심장은 두근두근 심하게 뛰는 바람에 앞에 앉은 아이들이 자신의 심장 소리를 듣는 게 아닌가 싶을 정도였다.

"잘 안 들려요!"

뒷자리에 앉은 영수가 소리쳤다.

"무슨 말인지 모르겠어요."

미현이도 소리쳤다.

"황혜리, 조금 더 자신감 있는 목소리로 크게 말해 봐."

혜리는 이렇게 말하는 선생님이 자신을 나무라는 것 같았다. '황혜리, 그것도 못하니? 한심하구나.'라는 말로 들렸다.

"혜리야? 천천히, 하고 싶은 말을 차근차근 해야지."

그 순간, 혜리는 선생님 말이 '혜리야, 안 되겠다. 넌 정말 큰 잘못을 저지르고 있구나.'로 들려 그나마 남아 있던 자신감을 송두리째 잃고 말았다.

"회장을 시켜만 주시면…… 그, 그러니까…… 열심히……."

혜리는 말을 얼버무리고 후다닥 자기 자리로 돌아왔다. 인사도 제대로 안 했고, 말을 끝까지 마치지도 못했다.

"쟤, 방금 뭐라고 한 거야?"

"뭘 한 거지? 연설을 하기는 한 거야?"

아이들이 웅성거렸다. 혜리는 빨갛게 달아오른 얼굴을 숨기려고 고개를 들지 못했다. 그러다 잠시 힐끔거리며 선생님을 바라봤다. 선생님은 입술을 힘주어 오므렸다가 폈다. 혜리 눈에는 선생님이 몹시 못마땅해하는 것 같았다.

"시켜만 주면 열심히 한다는구나."

"크큭, 무슨 연설이 그렇게 얼렁뚱땅이냐?"

등 뒤에서 민호와 철규가 킥킥거리며 혜리 이야기를 재미 삼아 해 댔다. 혜리는 고개를 돌려 옆자리 아이를 바라보았다. 옆에서도 혜리를 흉보고 있는 것 같았다. 모두가 수군거리며 자신을 놀리는 것 같다는 생각이 들었다. 혜리는 책상에 풀썩 엎드리고 말았다.

드디어 투표가 시작됐다. 가장 앞자리에 앉은 현수와 미혜가 아이들이 적어 낸 투표용지를 한 장씩 펼쳐 보며 읽었다. 그러면 서기인 아영이가 칠판에 표시를 했다.

"강무호 8표, 최현아 26표……, 황혜리 1표. 이로써 5학년 3반 회장은 최현아, 부회장은 강무호가 됐습니다. 둘은 교탁으로 나와 인사하고 모두 축하해 주세요."

손뼉 소리와 함께 현아와 무호가 교탁 앞으로 나와 인사를 했다. 혜리는 이제 괴로운 시간이 모두 끝났을 거라고 생각했다. 그러나 더 큰 문제가 생겼다.

"혜리야, 네 표 말이야! 네가 직접 널 뽑은 거지?"

쉬는 시간이 되자마자 아이들이 혜리를 놀려 대기 시작했다.

"헤헤, 너한테 투표한 거잖아. 그렇지?"

짓궂은 남자아이들이 혜리를 비웃으면서 말했다.

"자기가 자기한테 투표하면 안 된다는 거 몰라? 선생님 말 못 들었어? 그건 반칙이야!"

아이들이 모두 혜리를 바라봤다. 혜리는 얼굴이 화끈화끈 달아올랐다.

"아, 아니야. 난…… 나한테 투표 안 했어!"

혜리는 손을 흔들면서 대답했다.

"그러면 누가 찍었을까? 아하, 진수가 찍었구나!"

"널 추천한 게 진수니까, 진수가 널 찍은 거야."

"둘이 사귀냐? 추천하고 찍어 주고."

교실이 웃음바다가 됐다. 혜리는 창피해서 고개를 들지 못했다. 눈물이 쏟아지려는지 콧등이 시큰거리고 눈동자가 아려 왔다.

"얘들아, 그만해. 다 지난 일이잖아."

현아가 교탁 앞으로 나섰다. 아이들이 현아를 바라봤다.

"오늘 수업 끝나고 내가 한턱 쏠게. 모두 로마노 피자 가게로 와."

"야호! 정말이야?"

"난 치즈 피자 먹을래."

"난 불고기 피자!"

순식간에 아이들의 관심이 피자로 옮겨 갔다.

혜리는 간신히 숨을 내쉬었다. 혜리는 슬그머니 뒷문으로 교실을 빠져 나와 화장실로 향했다. 혜리는 거울을 빤히 바라봤다. 거울 속

에는 시뻘겋게 달아오른 얼굴의 혜리가 서 있었다. 순간, 눈물이 두 볼을 타고 주르륵 흘렀다.

'울지 마, 울면 안 돼…….'

혜리는 찬물로 얼굴을 북북 씻었다. 혜리는 다른 아이들에게만큼은 절대로 우는 모습을 보여 주기 싫었다. 그것은 자신감 없는 혜리의 마지막 자존심이었다.

발표하라고만 하면 막 떨려요

발표할 때 떨지 않고 싶나요? 처음부터 많은 사람들 앞에서 당당하게 말하고 싶나요? 하지만 그런 사람은 없어요. 어른들도 많은 사람들 앞에 서면 떨리고, 가슴이 쿵쿵댄답니다.

말을 잘하는 사람들이 있어요. 그 사람들은 처음부터 말을 잘했을까요? 세계에서 가장 발표를 잘하는 사람을 손꼽으라면, 미국의 링컨 대통령과 루즈벨트 대통령, 영국의 윈스턴 처칠 수상, 세계적인 영화배우 찰리 채플린 등입니다. 그런데 이분들도 처음에 발표할 때는 몹시 떨었다고 해요. 발표할 내용을 완전히 잊어버린 채 아무 말도 못하거나, 너무 떨어서 입가에 경련이 일어나기도 했지요.

아일랜드의 지도자 찰스 스튜어트 파넬은 명연설가로 유명하지요. 그런데 이분도 다른 사람들 앞에서 발표를 할 때 얼어붙어서 자기도 모르게 주먹을 꽉 쥐었다고 해요. 너무나 세게 쥐어 손톱이 살에 박히는 바람에 손바닥에서 피가 날 정도였다고 합니다.

미국의 유명한 토크쇼 진행자 래리 킹이란 분이 있습니다. 이분을 모르는 미국 사람이 없을 정도이지요. 하지만 래리 킹도 첫 방송에서 얼마나 떨고 얼어붙었는지 말 한마디 못했더랍니다. 결국 방송국장이 문을 열고 들어와 래리 킹을 끌어냈다고 해요.

어떤가요? 세계에서 말 잘하기로 소문난 사람들도 처음에는 엄청나게 떨었다는 게 믿기지 않나요? 하지만 그들은 두렵고 무서운 무대를 도망가지 않고, 끝까지 도전했어요. 결국 그들은 승리했고, 지금의 자리에 올라서게 된 것입니다. 노력 없이는 아무것도 이룰 수 없어요. 하지만 노력을 한다면 어떤 것이라도 이룰 수 있지요.

자, 외쳐 보세요. "나는 발표를 잘할 수 있다! 지금은 떨리더라도 결국 세계에서 최고로 말 잘하는 사람이 될 것이다! 나는 반드시 도전하겠다! 니는 세상을 바꿀 주인공이다!"

어때요? 자신감이 생기지 않나요?

"**여러분,** 오는 7월에 우리 학교에서 큰 발표 대회가 있는 거 아시죠? 이번 대회의 주제는 '나의 꿈, 나의 미래'예요."

다음 날 종례 시간이었다. 선생님이 아이들에게 말했다.

"우리 반에서도 대표를 뽑아야 할 텐데……. 누가 좋을까요?"

아이들은 누구도 선뜻 나서지 않았다.

"잘 알겠지만, 이번 대회는 전교생 앞에서 발표를 하는 거예요. 교육감 선생님을 비롯해 외부에서도 손님이 많이 오실 테니까 열심히 준비해야 해요. 아, 상품도 많으니까 발표 대회에 나갈 친구는 미리 신청하도록 하세요."

선생님의 설명에 혜리는 듣는 둥 마는 둥 했다. 어차피 자기와는 상관이 없는 일이기 때문이었다.

혜리는 하루 만에 외톨이가 된 기분이었다. 누구도 혜리에게 말을 걸지 않았다.

혜리는 쉬는 시간에 화장실에 가는 것조차 조심스러웠다. 아이들과 눈만 마주쳐도 '어제 회장 선거에서 겨우 한 표 받은 애가 바로 쟤지?' 하고 말하는 것 같아 심장이 쿵쿵 뛰었다.

간신히 수업을 마치고 혜리가 혼자서 교문을 나설 때였다. 건널목 앞에 진수가 혼자 서 있었다. 진수의 까만 뒤통수를 보자 혜리는 문득 참았던 화가 터져 나왔다.

"왜 그랬어?"

혜리가 씩씩거리며 소리쳤다. 난데없는 혜리의 공격에 진수는 놀란 표정으로 눈을 크게 떴다.

"왜 그랬냐고! 왜 날 회장 후보로 추천한 거야?"

혜리가 또 한 번 소리쳤다.

"아, 그거……!"

진수는 그제야 무슨 말인지 알겠다는 표정이었다.

"넌 내가 망신당하는 게 그렇게 좋아? 날 골탕 먹이려고 일부러 그랬지? 애들 앞에서 내가 벌벌 떠니까 고소했지?"

혜리는 눈이 빨갛게 달아올랐다. 금방이라도 눈물이 왈칵 쏟아질 것 같았다.

"그게 아니야. 혜리야, 오해야, 그건……."

"내가 너한테 뭘 잘못했니? 뭘 잘못했다고 날 함정에 빠뜨린 거야? 왜 네 멋대로 그런 일을 한 거야?"

혜리의 눈에서 참았던 눈물이 뚝 떨어졌다. 진수의 두 볼이 빨개졌다. 진수도 당황해서 어쩔 줄 몰라 했다. 발을 동동 구르며 오줌 마려운 아이처럼 제자리를 한 바퀴 돌았다. 혜리는 그 자리에 힘없이 털썩 주저앉고만 싶어졌다.

"혜리야, 네가 그랬잖아. 회장 한 번 해 보고 싶다고……."

진수가 어렵게 말을 꺼냈다.

"내가 언제? 언제 그랬냐고!"

"네가 며칠 전에 나한테 말했잖아. 새 학기엔 학급 회장을 뽑을 텐데, 딱 한 번이라도 좋으니까 학급 회장을 해 봤으면 소원이 없겠다고. 너희 엄마 아빠한테 자신감 있는 모습을 보여 주고 싶다고."

순간, 혜리는 '아!' 하고 속으로 멈칫했다.

진수와는 유치원 때부터 소꿉친구였다. 게다가 2학년 때도, 4학년 때도 둘은 같은 반이었기 때문에 시시콜콜한 얘기까지도 쉽게 털어놓을 수 있는 사이였다. 며칠 전, 엄마의 근심 어린 표정을 본 혜리는 무심코 마음속에 있는 고민을 진수에게 털어놓았다.

"나, 딱 한 번이라도 학급 회장이 될 수 있으면 좋겠어. 그럼 엄마가 정말 기뻐하실 텐데……."

그때 진수는 잠자코 혜리의 고민을 듣기만 했다. 별 반응 없는 진수의 모습을 보고, 혜리는 속으로 '그럼 그렇지. 나 같은 게 무슨 수로 회장을 하겠어.'라고 생각했다.

"그때 나한테 했던 말이 거짓말이었던 거야?"

진수가 다시 물었다. 혜리는 손등으로 눈물을 훔쳤다.

"아니야. 사실이야. 그땐 솔직한 내 속마음을 말했던 거야."

"난 너한테 도움이 되었으면 하는 마음으로 널 추천한 거였어."

혜리는 힘없이 고개를 흔들었다.

"그런 거였구나. 미리 나한테 말해 줬으면 내가 말렸을 텐데. 내가 회장이 되고 싶다는 건 그냥 바람이었을 뿐이야. 진짜로 할 수 있겠다는 생각은 해 본 적이 없어."

"왜? 네가 어때서! 너 정도면 학급 회장감으로 충분해!"

진수가 소리쳤다.

"사실 나는 한 번도 사람들 앞에서 제대로 발표를 해 본 적이 없어. 사람들 앞에 서서 사람들의 빛나는 눈동자만 보면 심장이 얼어붙는 것 같아. 무섭고 떨려서 말이 한마디도 나오질 않아. 나도 이런 내가 싫지만 어쩔 수가 없어."

"그랬구나……."

진수가 고개를 끄덕였다.

진수는 '네 마음 나도 알아.' 하는 듯한 눈빛으로 혜리를 바라봤다.

혜리는 울음이 묻어나는 목소리로 계속 말을 이었다.

"우리 엄마가 그랬어. 난 자신감이 없는 게 가장 큰 문제래. 난 뭐든 제대로 할 줄 아는 게 없어. 집에 있을 때는 노래도 잘하고 말도 잘하는데, 밖에만 나오면 정반대야. 난 뭘 해도 안 된다는 생각만 들어. 자신이 없어. 난 할 줄 아는 게 아무것도 없나 봐."

혜리의 진심 어린 고백을 들은 진수는 자기 고민을 털어놓았다.

"혜리야, 사실은 나도 그래. 자신감 없는 건 나도 마찬가지야. 우리 아빠한테 자신감 없고 남자답지 못하다고 얼마나 혼이 났는지 몰라. 우리 아빠 군인이시잖아. 난 아빠한테 한겨울에 극기 훈련도 받았다고. 그런데도 좀처럼 나아지지가 않더라."

진수도 자신의 속마음을 털어놨다.

혜리는 한숨을 내쉬며 바닥에 주저앉았다. 진수도 혜리 옆에 털썩 쪼그리고 앉았다. 둘은 아무 말도 하지 않은 채 하늘만 물끄러미 바라봤다. 하늘은 구름 한 점 없이 맑고 파랬다.

"누가 내 고민 좀 해결해 줬으면……!"

혜리가 혼잣말을 중얼거렸다.

"맞아, 누가 우리 고민 좀 해결해 줬으면 좋겠다!"

진수도 덩달아 중얼거렸다.

둘은 서로를 마주보며 피식 웃고 말았다. 다른 사람들 앞에서 말하는 게 힘들어서 고민하고 있다는 사실이 부끄럽기도 하고, 우습기도 하고, 또 한편으로는 심각하게 느껴지기도 했던 것이다.

"이제 그만 가자."

혜리가 자리에서 일어났다. 얼마나 오랫동안 쪼그리고 앉아 있었는지 다리가 저릿저릿할 정도였다.

"잠깐만! 다리에 쥐가 난 것 같아."

진수가 한쪽 다리를 절뚝이며 말했다. 혜리는 천천히 앞으로 걸어갔다. 진수가 절뚝절뚝 뒤를 쫓아왔다. 그렇게 얼마나 걸었을까. 갑자기 진수가 손뼉을 '탁!' 치면서 소리쳤다.

"맞아! 바로 그분이 해결해 줄지도 몰라!"

"그분? 누구?"

혜리가 물었다.

"대한민국 대표 고민 해결사!"

"고민 해결사란 직업도 있어? 꼭 킬러 같은 느낌이다, 야."

진수가 고개를 가로저었다.

"킬러는 아니야. 아니, 킬러라고 해도 되겠다. 그분은 총으로 사람을 죽이는 게 아니라 말로 사람을 죽이니까."

"말로 사람을 어떻게 죽인다는 거야?"

"아, 그런 게 아니라…… 뭐냐면, 그래! 그분의 말을 듣고 있으

면 웃겨서 배꼽이 빠져 죽을 것 같아. 또 어떤 때는 내가 하고 싶은 말을 막힘없이 시원하게 대신해 주니까 속이 뻥 뚫려서 죽을 것 같고……. 뭐랄까."

"무슨 소리야? 알아듣게 자세히 좀 이야기해 봐."

횡설수설하던 진수가 갑자기 소리쳤다.

"초콜릿맨!"

"그게 뭔데?"

"일단 따라와 봐!"

진수가 혜리의 손목을 잡아끌었다. 혜리는 영문도 모른 채 진수의 집까지 끌려가게 됐다.

집에 도착한 진수는 거실에 있는 컴퓨터 전원을 꾹 눌렀다. 혜리가 주위를 기웃거리는 사이, 진수는 컴퓨터 검색 창에 '싱싱 라이브'라는 글자를 쳤다. 그러자 웹사이트가 나타났다.

"자, 여기서 고다 방송을 찾으면 돼."

진수는 익숙한 솜씨로 마우스를 클릭했다. 그러자 스피커가 '웅' 소리를 내더니 진행자의 목소리가 들려왔다.

"아, 사연 들어왔네요. 오늘은 어떤 고민들이 저를 기다리고 있을까요? 자신의 인생에 자신이 없는 분들, 아무리 생각해 봐도 답이 안 나오는 분들! 세상 모든 고민들은 내게로 오라! 누가 한 말이냐고 요? 바로 저, 초콜릿맨이 한 말이랍니다. 고민 있는 아줌마, 총각, 결혼 못한 노처녀, 머리 벗겨진 아저씨 등등 모두 제게 털어놓으세 요. 제가 머리를 심어 드리지는 못해도, 머리가 빠지지 않도록 확실 하게 고민을 해결해 드릴게요! 결혼해야 하는데 아직 좋은 짝을 못 만났다고요? 그럼 저랑 결혼하세요! 저도 아직 총각이거든요. 자, 노래 듣겠습니다. 그룹 어절씨구가 부릅니다. '사랑이 어절씨구'."

"정말 재밌다."

혜리는 킥킥 웃음이 터졌다.

"초콜릿맨은 어떤 사람이야? 와, 어쩜 이렇게 말을 잘할까? 듣는 내내 초콜릿맨이라는 사람의 기분 좋은 자신감이 느껴지는걸."

"나도 잘은 모르는데, 자칭 대한민국 고민 해결사래. 사람 만나는 게 자신이 없는 사람, 많은 사람들 앞에 서면 후들후들 떨리는 사람, 해결할 문제가 산더미라 걱정인 사람 등 고민 있는 모든 사람이 여 기 게시판에 자신의 고민을 올려놓으면 그 고민을 해결해 준대."

"네가 말한 킬러가 이 사람이야?"

"응, 어쩌면 우리 고민도 해결해 줄 수 있을지 몰라."

둘이 눈을 반짝이고 있을 때였다. 초콜릿맨이 다른 사연을 읽어 주겠다며 음악을 멈추었다.

"새로운 고민이 올라왔군요. 백마 업은 왕자 님이 보낸 사연입니다. 아, 말을 업고 다니시는군요. 허리 휘시겠어요. 설마 허리가 아파서 고민인 건 아니시겠죠? 아무튼 사연을 읽어 보겠습니다."

초콜릿맨이 흠흠 헛기침을 하더니 사연을 맛깔나게 읽어 나갔다.

"안녕하세요, 저는 분당에 사는 백마 업은 왕자라고 합니다. 저는 남자답지 못해서 고민입니다. 용기도 없고, 겁도 많고, 부끄럼도 엄청 잘 타거든요. 주위 사람들이 '남자가 그것도 못해?' 하고 말할 때마다 속이 부글부글 끓고, 가슴이 으깨지는 것 같습니다. 고민 때문에 밥맛도 뚝 떨어졌습니다. 사람이 많은 장소에 가면 숨 쉬는 것도 힘이 들 지경입니다."

사연이 끝나자 초콜릿맨은 예의 그 경쾌한 목소리로 말했다.

"오호, 사람들이 많은 장소에 가면 누구나 숨 쉬기가 힘들어요. 많은 사람이 동시에 숨을 쉬게 되면 산소가 줄어들고 이산화탄소가 많이 뿜어져 나오기 때문이죠. 하지만 문제가 정말 심각하다는 게 사연을 통해 팍팍 느껴지는군요."

그러더니 갑자기 흐느껴 울기 시작했다.

"……흐흐흑! 으형! 으히히익!"

진수와 혜리는 어리둥절해져서 서로를 쳐다봤다.

"슬픕니다. 너무나 애절한 사연입니다. 눈물 찍, 콧물 찍 나옵니다. 말을 잘 못하는 사람, 이런 고민해 본 사람은 압니다. 심장 벌렁벌렁, 다리는 후들후들, 목소리는 더듬더듬, 눈동자는 뱅글뱅글. 정말 괴롭습니다. 하지만 제가 누굽니까! 대통령의 고민도 해결해 줄 수 있는 대한민국 대표 고민 해결사가 아닙니까! 백마 업은 왕자님? 왕자님이 업고 다니는 백마는 '두려움'이라는 녀석이랍니다. 사람은 누구나 자신감이 부족해요. 그걸 애써 숨기고 살 뿐이죠. 왕자님도 애써 용감해질 필요는 없습니다. 대신 조금 덜 무서운 척, 조금 덜 부끄러운 척해 보세요. 그렇게 뻔뻔해지기 시작하면서부터 용기가 자라기 시작할 거랍니다. 귀신이 나타날까 무섭다고요? 그럼 귀신 앞에서 뻔뻔해지세요. 그래 봤자, 귀신인데 뭐 어떻습니까? 친구들 앞에서 뭔가 실수라도 할까 두렵다고요? 그럼 친구들 사이에서 괴짜가 되어 보세요. 친구들이 웃는다고요? 창피한가요? 그럼 농담처럼 이렇게 말하세요. 내가 실수한 게 뭐 어때서? 너희는 실수도 안 해? 너흰 완벽해?"

진수와 혜리의 입에서 웃음이 킥 터져 나왔다.

"자, 백마 업은 왕자님, 이제 백마를 업지 말고 타고 다니시길 바라며! 오늘 방송은 여기까지 하겠습니다. 대한민국 국민 모두가 고민 없는 그날까지 제 방송은 계속됩니다! 주우욱! 음악 듣겠습니다. 가수 굴뚝 형제가 부릅니다. '아니 때도 나는 연기'."

"아!"

진수와 혜리가 동시에 외마디 비명을 내질렀다.

"우리 사연도 해결해 줄 수 있을까?"

"뭔가 좋은 방법을 가르쳐 주실 거야. 사연을 올려놓자."

"우리보다 더 심각한 사연이 올라오면? 그땐 사연 소개도, 고민 해결도 뒤로 미뤄질 거 아냐."

"그렇긴 하겠지……."

혜리는 당장이라도 초콜릿맨을 찾아가서 해결 방법이 뭔지 물어보고 싶었다.

"혹시, 초콜릿맨이 어디 사는지는 몰라?"

혜리는 콧김을 내뿜으며 돌진하는 코뿔소처럼 성급하게 말했다.

"주소까진 모르는데……. 아! 초콜릿맨의 소원 우체통에 글을 써 볼까?"

"소원 우체통?"

"여기 있는 이 게시판이 소원 우체통이야. 고민이나 사연을 올리는 곳이지. 여기다 글을 쓰면 초콜릿맨이 직접 답을 해 줘."

"아, 진작 얘기했어야지!"

혜리가 진수를 의자에서 밀어냈다. 혜리는 진수가 비켜나기 무섭게 타자를 치기 시작했다.

썼다, 지웠다, 썼다, 지웠다를 반복하며 혜리는 자신의 마음을 솔직하게 털어놓았다. 그동안의 일을 떠올리자 눈물이 쏟아질 것만 같았다. 혜리는 자판을 누르다 말고 눈을 꾹 감았다. 콧잔등이 시큰시큰 아려 왔다.

"괜찮아?"

진수가 묻자 혜리가 입술을 악물었다.

"괜찮아. 다 썼어. 제발 초콜릿맨이 내 고민도 시원하게 해결해 줬으면 좋겠어."

간절한 혜리의 목소리가 진수의 귓전을 때렸다.

이야기를 만들어라!

예전에는 발표를 한다고 하면 자료를 보여 주고 그 내용을 어려운 말로 설명했습니다. 하지만 만든 자료를 설명하는 것에 머물러 있다면, 절대로 훌륭한 발표자가 될 수 없어요. 단지 정보를 전달하는 것이라면 누구라도 할 수 있기 때문입니다.

여러분은 발표 속에 '이야기'를 만들어야 합니다. 사람들은 이야기를 좋아합니다. 정보만을 전달하는 것은 딱딱하니까요. 공부를 하는 기분이 들겠지요. 하지만 이야기를 전달한다면 사람들은 드라마를 보는 기분이 들 거예요. 흥미진진하게 여러분의 얘기에 빠져들 것입니다. 특히 사람들은 다음과 같은 이야기를 좋아합니다.

여기, 강력한 적이 있습니다. 그 적은 세상을 지배하고 있습니다. 그 적을 무찌르기 위해 영웅이 등장합니다. 아무리 강력한 적이라도 약점은 있습니다. 영웅은 적의 약점을 이용해 멋지게 적을 무찌릅니다. 유치하지만 누구나 공감하는 내용이기도 하지요.

그래서 저는 발표를 할 때 적과 영웅을 등장시킵니다. 적은 애플의 강력한 경쟁사인 IBM이나 마이크로소프트, 삼성 등에서 나온 제품이고, 영웅은 애플에서 새로 선보이는 제품이지요. 적도 매우 우수하기 때문에 많은 사람이 그 제품을 씁니다. 하지만 저는 이들 제품을 하나씩 예로 들어가면서 문제점을 꼬집습니다. 그리고 그 문제를 타파할 영웅을 등장시킵니다. 그 영웅은 바로 애플의 아이패드나 아이폰이지요. 그 절정의 순간, 사람들은 영웅의 등장에 환호합니다.

  그러나 주의할 점이 있습니다. 무조건 적은 나쁘다, 못됐다, 문제점이 있다는 식으로 몰고 가서는 안 됩니다. 적을 정확하게 분석한 후, 적이 가진 문제점과 한계점을 알아내고, 그 문제점과 한계점을 어떻게 해결하겠다는 해결 방안을 확실하게 보여 줘야 합니다. 물론 그것은 영웅을 통해서이지요. 영웅은 그만큼 영웅의 자질을 갖추고 있어야 해요. 제품의 성능이 실제로 뛰어나야 합니다.

  무엇보다 청중은 어려운 이야기를 싫어합니다. 그러니까 간결하면서도 쉽게 이야기해야 합니다. 어린이부터 노인까지 누구나 알아듣기 쉽도록이요. 훌륭한 발표자는 어려운 말을 쓰지 않습니다.

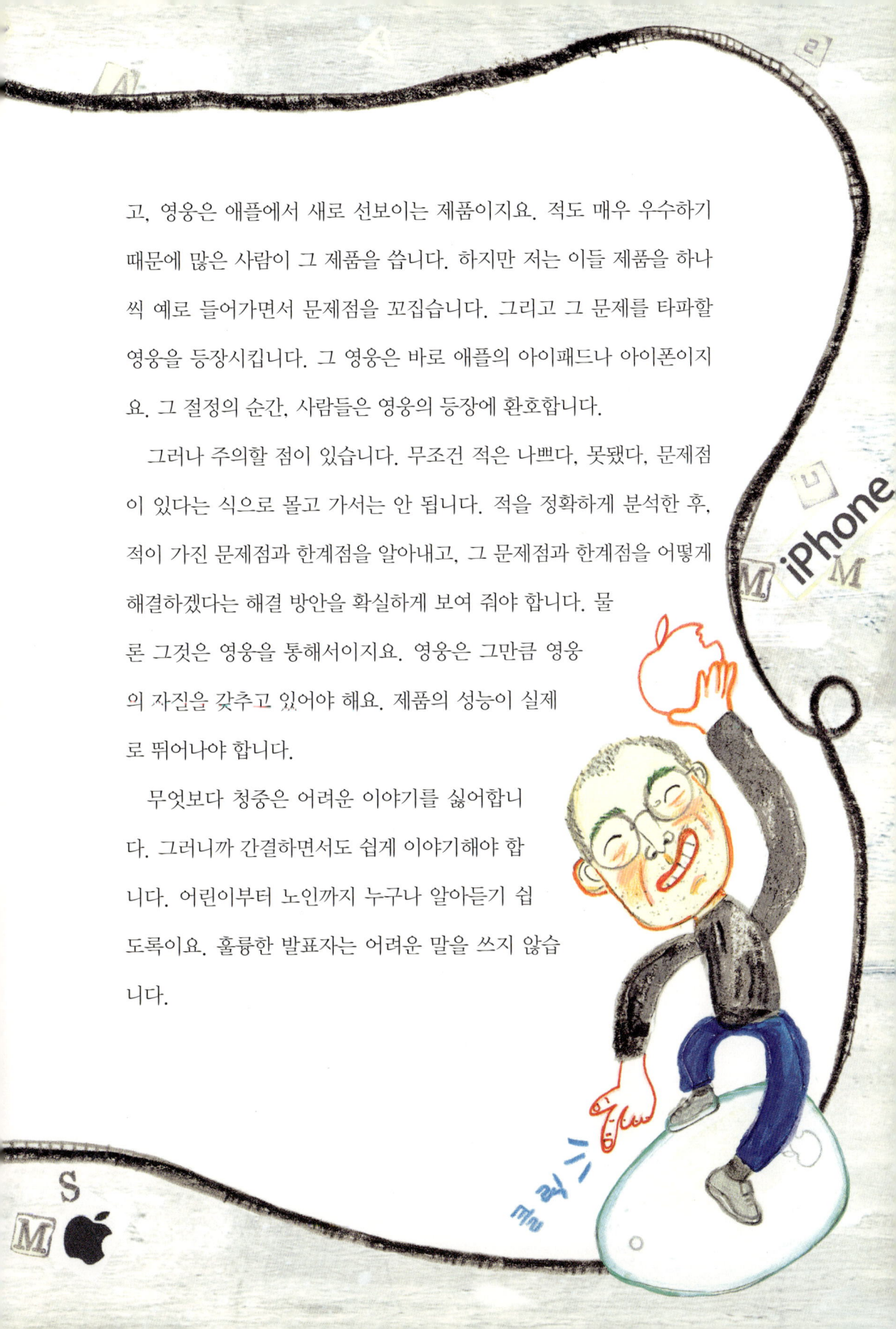

다음 날, 혜리는 학교에서 돌아오자마자 컴퓨터 앞에 앉았다. 고다 방송의 소원 우체통에 올려놓은 게시물이 궁금했기 때문이었다.

'초콜릿맨이 내 고민을 봤을까? 어떤 해결법을 올려놨을까?'

혜리는 얼른 고다 방송국 사이트를 열었다. 아직 방송할 시간이 아니어서인지 접속자가 없었다.

혜리는 홈페이지를 더듬더듬 읽어 내려갔다. 소원 우체통이라고 쓰인 우체통 모양이 보였다. 혜리는 재빨리 마우스로 우체통을 클릭했다.

번호	제목	닉네임	시간	조회	댓글
14926	고민이 있어요…….	터진 만두	17:28	162	[1]

게시판을 확인한 순간, 혜리의 눈동자가 휘둥그레졌다.

'우앗! 댓글이잖아. 내가 올린 게시물에 댓글이 달렸어!'

혜리는 반가운 마음에 얼른 댓글을 클릭했다.

터진 만두 님과 찐빵 소년 님!
두 분의 고민을 잘 읽어 보았습니다.
자신감은 무엇이든 할 수 있게 하는 강한 마음이에요.
자신감이 없으면 아무것도 할 수 없지요.
두 분의 고민을 읽으니까 제 마음이 아파 왔습니다.
왜냐하면 저도 자신감이 없어서 사람들 앞에
서는 게 힘들었던 때가 있었으니까요.
그러나 저는 발표할 때의 필살기를 터득했고,
그 덕분에 지금은 이렇게
인기 최고의 인터넷 방송 진행자가 되었습니다.
두 분에게도 그 필살기를 알려 드리고 싶습니다.
인터넷 상에서 글로 알려 드리는 것은 한계가 있으니,
직접 만나서 자세히 알려 드리지요.
이렇게까지 하는 까닭은……
그래요, 청취자를 위한 특별 서비스라고 생각하시면 되겠군요.
수요일에 백두동에 있는 밤가시 공원 분수대 앞에서 기다릴게요.
오후 4시쯤 뵙도록 하죠.

혜리는 몇 번이고 눈을 비벼 보았다.

혹시 댓글을 잘못 읽은 게 아닌가 하는 생각이 들었던 것이다. 초콜릿맨의 댓글을 몇 번이고 반복해서 읽은 혜리는 휴대전화를 꺼내 진수에게 문자를 보냈다.

휴대전화 버튼을 누르는 혜리의 손가락이 부들부들 떨렸다.

초콜릿맨이 우리한테 직접 만나자고 했어!
우리 소원이 이루어진 거야!

문자를 보내기 무섭게 진수로부터 답문이 들어왔다.

 진짜?
사실이야?
정말?
!?!?

정말이고말고.
진짜로 초콜릿맨이 만나자고 했다니까.

 맹세해?
우아!
야호!
완전 기대된다!

그렇게 진수와 혜리는 초콜릿맨과 만날 날만 손꼽아 기다렸다.

드디어 기다리던 수요일이 다가왔다.
혜리와 진수는 재빨리 밤가시 공원으로 달려갔다. 수요일 오후의 공원은 한적하기 이를 데 없었다.
"여긴 주말에만 와 봤는데……. 이렇게 한산한 건 처음인걸."
"나도 엄마 아빠랑 가끔 스케이트 타러는 와 봤는데, 혼자서 와 본 건 처음이야."
혜리와 진수는 분수대 앞 의자에 앉은 채 주위를 두리번거렸다. 약속 시간까지는 아직 30분 정도가 남은 상태였다.
"초콜릿맨이라는 사람, 어떻게 생겼을까?"
"목소리도 멋지고, 부드러운 걸 보면 엄청 잘생기지 않았을까?"
혜리는 잔뜩 기대에 찬 목소리로 말했다.
"진수야, 그분이 우리 고민을 모두 해결해 주시겠지?"
"그래, 오늘로 우리의 고민은 끝이야. 내일부터는 발표왕의 새로운 인생이 시작되는 거라고!"
진수도 기대감에 부푼 표정으로 주먹을 꼭 움켜쥐었다.
그때였다. 분수 앞에 한 남자가 나타났다. 남자는 까무잡잡한 얼굴에 곱슬거리는 머리, 커다란 코에 단춧구멍처럼 쭉 찢어진 눈을 하고 있었다. 혜리는 남자를 힐끗 보며 중얼거렸다.

"저 사람, 우리나라 사람은 아닌 것 같지?"

"응. 외국인 노동자인가 봐. 필리핀이나 베트남 사람인 거 같은데? 뭘 찾고 있는 걸까?"

혜리가 진수의 옆구리를 툭 찔렀다.

"진수야, 너 영어 잘하잖아. 가서 뭘 찾는 건지 물어봐."

"그렇게 어려운 말을 어떻게 영어로 해? 난 겨우 인사랑 자기소개 정도밖에 못 한단 말이야."

"그렇다고 어려움에 처한 사람을 그냥 두고 볼 수만은 없잖아. 남의 나라에서 도와 달란 말도 제대로 못 하고 그러면 얼마나 힘들겠어? 어서 가 봐."

혜리가 재촉했다.

진수는 얼떨떨한 표정으로 의자에서 일어났다. 그리고 앞에 선 남자에게 조심스럽게 물었다.

"헬로우, 메이 아이 헬프 유?"

순간, 남자가 진수를 빤히 바라보았다.

"캔 유 스피크 잉글리쉬?"

남자가 멀뚱멀뚱 진수를 바라봤다.

'대체 무슨 소리를 하는 거야?' 하는 표정이었다.

"음…… 마이 네임 이즈 진수. 왓츠 유어 네임?"

그제야 비로소 남자가 입을 열었다.

"왜 그러니? 나한테 볼일 있어?"

"엇! 우리말을 잘하시네?"

의자에 앉아서 둘이 대화하는 걸 보고 있던 혜리가 자리에서 벌떡 일어서며 말했다. 그러자 남자가 이마를 잔뜩 찌푸렸다.

"애들아, 난 한국 사람이야."

"앗! 정말이에요?"

혜리와 진수가 깜짝 놀라 소리쳤다. 남자는 이런 일이 많았는지 크게 화를 내진 않았다.

"죄송합니다. 저희가 실수했어요. 용서해 주세요."

"괜찮아. 이게 다 내가 멋지게 생겨서 그런 걸 어떡하겠니?"

"에……."

혜리와 진수는 멋쩍은 표정을 지었다. 그러나 남자는 진심으로 상관없다는 듯 유쾌하게 웃었다. 그 웃음을 보자 왠지 모르게 마음이 편해졌다.

"그런데, 아저씬 뭘 찾고 계신 거예요? 저희가 같이 찾아 드릴까요?"

"아냐, 난 지금 약속한 사람들을 기다리는 중이야."

"아……!"

"분수 앞에서 보자고 했는데, 약속 장소를 헷갈린 건가? 여기가 찾기 어려운 곳도 아닌데…….."

"분수 앞에서 누굴 만나기로 하신 거예요?"

"그렇단다."

"저희도 그래요. 저흰 좀 특별한 사람을 만나기로 했어요. 연예인급은 아니지만, 아주 유명한 사람이에요."

혜리가 나서서 말했다.

"그래? 누군데?"

"고다 방송의 진행자 초콜릿맨이란 사람이에요."

순간, 남자가 찍 찢어진 눈으로 혜리와 진수를 훑었다.

"왜 그러세요?"

"너희, 혹시 터진 만두랑 찐빵 소년이니?"

"앗, 아저씨가 그걸 어떻게…….."

"맙소사, 초등학생이었어?"

남자는 정말 놀란 듯했다. 혜리와 진수는 잠자코 남자를 바라보았다. 그러자 남자는 심각한 표정으로 말을 이었다.

"내가 바로 초콜릿맨이야. 학생이라고는 생각했지만 그래도 나이가 있을 거라고 생각했거든. 초등학생일 거라고는 생각도 못했어."

"그러셨구나……."

"아저씨, 설마 애들이 가진 고민이라고 이제 와서 모른 척하실 건 아니죠?"

혜리가 간절한 표정으로 물었다.

그러자 남자, 아니 초콜릿맨이 숨을 '후' 하고 몰아쉬더니 손을 불쑥 내밀었다.

"이렇게 만난 것도 인연이니까 먼저 인사나 하자. 나는 초콜릿처럼 달콤한 남자 초콜릿맨이란다."

혜리와 진수는 초콜릿맨을 빤히 바라보았다.

한동안 어색한 침묵이 흘렀다.

"그런데 정말 궁금한 게 있는데요."

혜리가 어렵게 말문을 열었다.

"뭔데?"

"왜 초콜릿맨이에요?"

"그건 말이지, 내가 초콜릿처럼 까무잡잡해서 그렇게 이름을 붙인 거야. 내가 어렸을 때만 해도 밀가루처럼 하얀 피부였어. 그런데 초콜릿을 너무 먹다 보니 얼굴이 점점 새카매지더구나. 내 살과 피가 얼마나 달콤한지 모를 거야. 한번 찍어 먹어 볼래? 이렇게…… 손가락으로 여길 찍어 먹어 봐."

"에이, 말도 안 돼요."

그렇게 말했으면서도 결국 혜리와 진수는 '큭큭큭' 하고 웃음을 터트렸다. 그러자 웃음소리가 신호라도 되는 듯 파리가 초콜릿맨의 머리에 내려앉았다.

"이것 봐라. 내 살과 피는 초콜릿처럼 달콤해서 파리까지 달려드는 거야."

"혹시 머리를 안 감아서 그런 건 아니고요? 기름이 흐르는 걸 보니 안 감은 지 일주일은 된 것 같은데요?"

"하하핫! 눈치챘어? 보일러가 고장 나서 말이지."

초콜릿맨은 두 손으로 머리를 가르마 탔다.

그 모습을 본 진수가 깔깔깔 웃음을 터트렸다. 그러나 혜리의 표정은 좀처럼 밝아지지 않았다. 과연 초콜릿맨 같은 사람이 자기 고민을 해결해 줄 수 있을지 의문이 들었기 때문이었다. 혜리의 심각한 표정을 본 초콜릿맨이 헛기침을 두 번 했다.

"난 어렸을 때부터 사람들한테 놀림 받고, 무시당하기 일쑤였지. 동네 꼬마들까지 날 보면 '너희 나라로 돌아가!' 하면서 손가락질할 정도였어. 따돌림이 심해지자, 난 사람들이 두려웠지. 점점 사람을 피하게 되고, 도망치고 싶어졌어. 그래서 하루 종일 집 안에 틀어박힌 채 아무것도 하지 않았지. 그때였단다. 내 컴퓨터로 누군가 쪽지

를 한 통 보냈더구나."

"누가요?"

"바로 내 스승님!"

"예? 스승님이 누군데요?"

"너무 유명한 사람이라서 지금은 정체를 밝힐 수가 없어. 누군지 알면 너흰 아마 깜짝 놀라서 심장마비로 죽어 버릴지도 몰라."

"에이, 설마요."

"아무튼 스승님은 쪽지로 자기 어린 시절 얘기를 들려주더구나. 자긴 입양아였대. 양부모님은 사랑을 듬뿍 주셨지만, 항상 마음 한 구석이 허전하고 괴로웠다고 하셨어. 성격도 산만하고, 덜렁대기 일쑤였다지. 공부도 늘 꼴찌였대. 하지만 스승님은 자신의 모든 허점을 이겨 내고 엄청나게 유명한 사람이 됐지. 세상을 들었다 놓을 만큼 대단한 사람! 그런 스승님이 나한테 자기 비법을 전수해 주겠다고 했어."

"뭘, 어떻게요?"

"처음부터 많은 얘길 다 풀어낼 순 없잖니. 여러 이야기가 있지만 어쨌든 난 스승님께 맹훈련을 받았지. 덕분에 자신감 넘치는 초콜릿맨, 멋진 초콜릿맨이 된 거란다."

발표란 게 어른이 되어서도 쓸모가 있나요?

한마디로 설명할게요. 앞으로 여러분이 살게 될 미래에는 발표 능력이 매우 중요하게 될 것입니다. 왜냐고요? 다른 사람에게 자신의 생각을 잘 전달해야 중요한 사람이 될 수 있으니까요. 여러분이 중요한 역할을 맡고 싶다면, 자기가 원하는 역할을 잘 설명해야 해요. 자신의 능력을 잘 설명해야 능력을 인정받게 됩니다.

그래서 대학에 들어갈 때에도, 직장에 들어갈 때에도 면접이라는 것을 봅니다. 면접이라는 것도 발표 능력을 살펴보는 시험이에요. 자신의 생각을 얼마나 설득력 있게 잘 전달하느냐가 중요합니다. 아무리 머릿속에 든 게 많아도 말로 정확하게 표현하지 못하면 소용이 없으니까요. 발표란, 바로 여러분의 미래를 좌우할 정도로 중요하다는 것! 잊지 마세요.

발표를 잘하는 사람은 리더가 될 수 있어요. 보통 어른들은 발표하는 것을 '프레젠테이션'이라고 하는데, 이 말에서 '프레젠더십'이란 말이 새로 생겼습니다. 프레젠더십이란 프레젠테이션+리더십입니다.

예전의 리더는 짐짓 점잖은 척 뒤로 빠진 채 아랫사람에게 대신 제품 설명이나 발표를 시켰어요. 하지만 언젠가부터 리더가 직접 나서서 자신만의 무대로 만들어 가고 있습니다. 물론 그건 제 영향이기도 하지요.

기억하세요. 발표를 잘하는 사람이 리더가 됩니다.

"**지금부터** 난 너희에게 내가 배운 내용을 그대로 얘기해 줄 거야. 잘 듣고 따라 하다 보면 나처럼 대단한 언변의 달인이 될 수 있을 거야."

혜리가 눈을 반짝이며 물었다.

"대체 아저씨의 스승님은 누구세요?"

진수도 초콜릿맨을 뚫어져라 쳐다보면서 말했다.

"세상을 들었다 놨다 할 만큼 대단한 사람이라면서요? 누군데요? 우리도 아는 사람이에요?"

"그건 함부로 말해 줄 수가 없어. 사실, 너희를 가르치기로 한 것도 스승님 때문이란다."

"스승님이라는 분이 우릴 아세요?"

"너희의 사연을 듣고 얼마나 슬펐는지 눈물을 한 바가지는 흘리셨대. 너희를 위해서 뭔가 해 주고 싶다고 말씀하셨지. 그래서 날 대신이 자리에 보낸 거란다. 자, 이건 계약서야. 먼저 이걸 읽어 보고 사인을 한 다음에 수업을 시작하자."

초콜릿맨이 종이 한 장을 내밀었다.

계약서

1. _____는 어른이 되어서 돈을 많이 벌게 되면 초콜릿맨에게 초콜릿과 시리얼 백 개를 사 주기로 약속한다.
2. _____는 날마다 고다 방송국 청소를 돕는다. 가끔 초콜릿맨이 힘들어 할 경우 방송 일을 돕기도 한다.
3. _____는 초콜릿맨을 평생 친구로 생각하고 절대 잊지 않는다.

"에이, 무슨 계약서가 이래요?"

"싫으면 이리 내!"

초콜릿맨이 계약서를 도로 낚아채려고 했다. 진수는 몸을 홱 돌려서 초콜릿맨을 피했다.

"싫다는 게 아니라, 코흘리개 애들 약속처럼 유치하잖아요."

"계약서는 유치할지 몰라도 발표 기술만큼은 절대 유치하지 않을 거야. 너희는 머지않아 미국의 오바마나, 링컨, 케네디 대통령처럼, 마틴 루터 킹 목사와 스티브 잡스처럼 엄청난 발표 능력을 갖게 될 거라고."

"아저씨도 스승님이란 분하고 계약서를 쓰셨어요?"

혜리가 볼펜을 뒤로 숨기며 물었다.

"음……, 하도 오래전 일이라서 기억이 가물가물하지만, 분명히 쓰긴 썼지. 내 계약 조건은 이랬어. 첫째, 쪽지를 보냈을 때 3초 안에 답장할 것. 둘째, 내 정체를 아무에게도 알리지 말 것. 셋째, 언제 어디서든 스승님을 칭찬하는 말만 하고 다닐 것."

"에이, 그게 뭐예요!"

"유명한 사람이라더니 뭐가 그렇게 유치해요?"

"어허, 정말이라니까. 스승님이 누군지 알게 되면 너희는 아마 뒤로 벌러덩 쓰러져 버릴지도 몰라. 나도 그랬으니까."

혜리와 진수는 서로를 바라보았다. 둘은 어떻게 해야 좋을지 쉽게 결론을 내릴 수가 없었다.

"어쩌지……."

"일단 쓰고 보지, 뭐."

혜리와 진수는 얼렁뚱땅 계약서에 이름을 쓰고 말았다.

초콜릿맨은 계약서를 주머니 속에 집어넣더니, 내일부터 방송국으로 오라고 말했다.

"방송국이 어딘데요?"

"약도는 문자로 보내 줄게."

이렇게 말한 초콜릿맨은 혜리와 진수의 휴대전화 번호를 꾹꾹 눌

러 입력하더니, 쌩 사라져 버렸다.

둘은 초콜릿맨이 사라진 곳을 한참 동안 바라보기만 했다.

"진수야, 우리…… 잘될까?"

"잘되겠지……."

이튿날, 수업 시간이었다.

선생님이 7월에 있을 발표 대회에 나갈 사람은 손을 들어 보라고

말씀하셨다. 가장 먼저 손을 든 사람은 현아였다. 아이들은 당연하다는 표정으로 현아를 바라보았다.

"저, 대회에 나가고 싶어요."

"그래, 현아가 나가면 틀림없이 좋은 결과를 얻을 수 있을 거야. 학교 수업이 끝나고 나면 발표문 쓰는 연습을 따로 하는 게 좋겠구나. 필요한 게 있으면 언제든 찾아오렴."

선생님은 항상 현아를 특별 대우해 주는 것 같았다. 뭐, 내가 선생님이라도 그럴 것 같지만 말이다. 혜리는 그런 현아를 물끄러미 바라보았다. 보면 볼수록 부러워 견딜 수가 없었다.

'내가 현아처럼 말을 잘하는 아이가 되면 저렇게 예쁨 받을 수 있겠지? 나도 얼른 발표 비법을 배웠으면 좋겠다.'

그날 오후, 수업이 끝나자마자 혜리와 진수는 고다 방송국을 찾아갔다. 방송국은 따로 사무실을 갖춘 곳이 아니었다. 그저 초콜릿맨

이 사는 집의 작은 방 한 칸을 개조했을 뿐이었다.

"무슨 방송국이 이래……?"

"우리 집 창고보다 더 허름해 보여."

혜리와 진수는 방송중이라는 푯말이 쓰인 방문을 똑똑 두드렸다. 그러자 방문이 열리더니 초콜릿맨이 배죽 고개를 내밀었다.

"왔니?"

초콜릿맨은 둘에게 방석을 내어 주었다.

"음료수는 없어. 목마른 사람은 알아서 냉장고를 뒤지든지, 아니면 참아야 해. 어쩔 수가 없어."

"예……."

방석에 풀썩 주저앉은 둘은 서로를 빤히 바라보았다. 둘의 눈빛에서는 '우리가 과연 여기에 온 게 잘한 선택일까?' 하는 걱정이 고스란히 느껴졌다.

핵심은 짧고 간결하게!

복잡하면 복잡할수록 사람들의 시선은 다른 곳으로 간다는 것을 명심하세요. 꼭 전달할 메시지 즉, 핵심 메시지만 활용해야 해요.

핵심 메시지를 다른 말로 '헤드라인'이라고 합니다. 헤드라인은 모두 120자 안팎으로 만들어요. 트위터를 한다고 생각하세요.

저는 애플의 모든 제품을 단 한 줄의 헤드라인으로 만들었어요. 단 한 줄로 모든 설명을 하려는 거지요. 한 줄로 제품의 특징을 설명하려면 보통 어려운 게 아닙니다. 하지만 청중은 복잡한 걸 싫어합니다. 단 한 줄로 설명할수록 설득력이 있지요. 알기 쉽기 때문입니다. 한 번 들으면 머리에 오래 남아서 잊어버리지 않으니까요.

맥북 에어를 설명할 때 저는 헤드라인을 이렇게 만들었습니다. '세상에서 가장 얇은 노트북'. 아이팟을 말할 때 보통 사람들은 5기가바이트라는 말로 대용량이라는 걸 표현했어요. 하지만 저는 이런 어려운 말을 쓰지 않았지요. '1,000곡의 노래를 당신의 주머니 속에'라고 했어요. 이해하기 빠른 쪽은 어느 쪽인가요?

여러분이 뭔가를 설명하려고 할 때에도 단 한 줄로 핵심을 요약해서 전달해 보세요. 예를 들어 반장이나 회장 선거를 나갈 때 '나'를 단 한 줄로 간결하게 정리해 보세요. 특징과 장점을 뽑아서 '얼굴에서 미소가 떠나지 않는 친구', '한 번 말하면 계속 말하고 싶은 친구' 같은 헤드라인을 만드는 거지요. 선거 공약을 할 때도 마찬가지예요. '따돌림 당하는 친구의 편이 되겠다', '항상 깨끗한 교실을 만들겠다' 등으로 간결하고 이해하기 쉽게 외치는 거지요.

한 줄로 헤드라인을 만들고 나면 계속 반복적으로 사용하세요. 한 번 쓰는 게 아니라, 여러 차례에 걸쳐 쓰고, 또 쓰세요. 그러면 사람들은 이 헤드라인을 기억하게 됩니다. 발표가 끝나고 집으로 돌아가도 머릿속에 계속 남아 있게 됩니다.

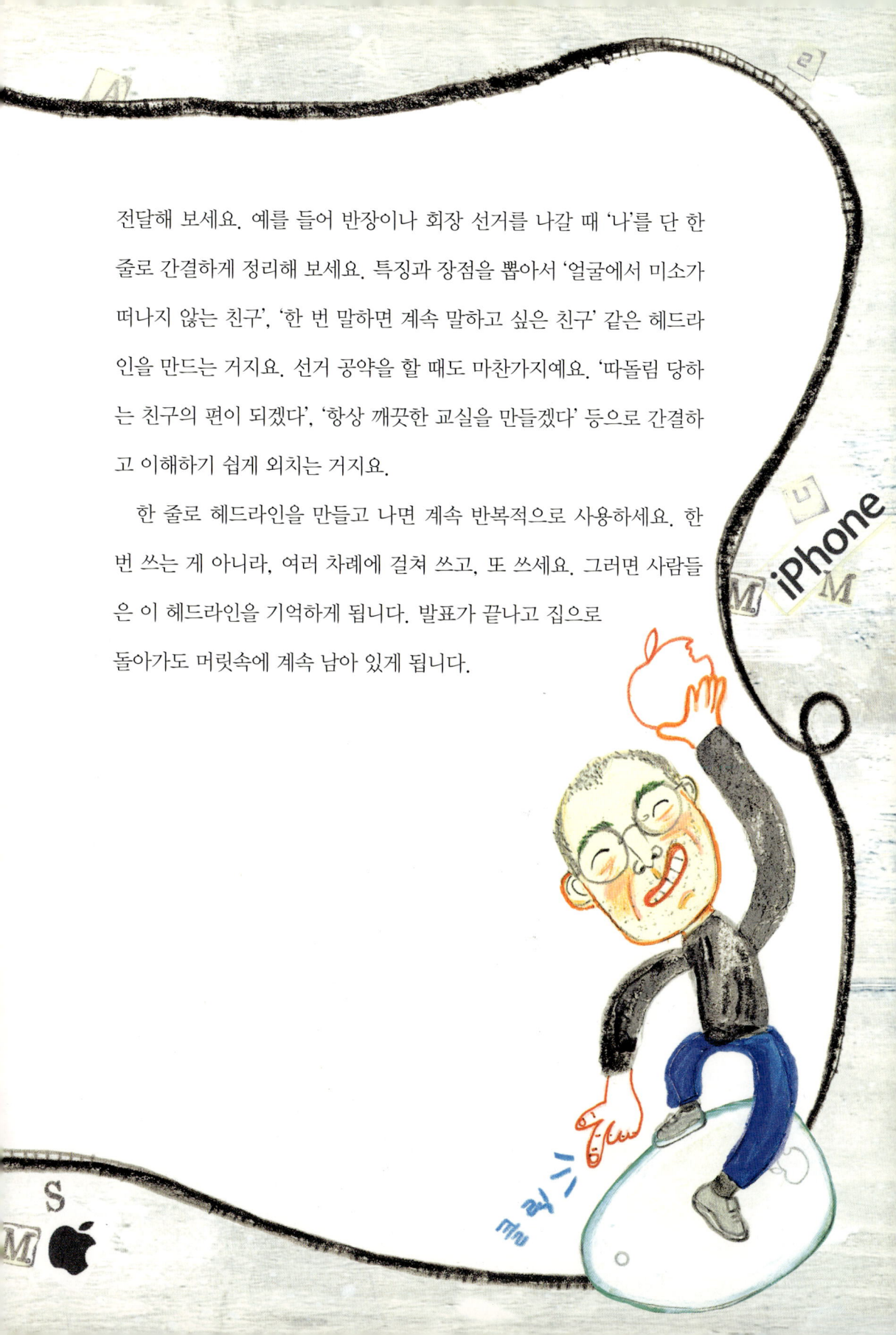

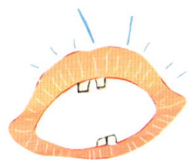

"자, 이건 발표 자신감 지수를 테스트하기 위한 거야. 수업을 시작하기 전에 너희가 어떤 상태인지 알 필요가 있잖니."

초콜릿맨은 혜리와 진수에게 아이패드를 불쑥 내밀었다. 화면을 손가락으로 툭 누르자 '나는 발표를 얼마나 두려워할까?'라는 말이 나왔다. 다시 화면을 누르자 첫 번째 질문이 나타났다.

혜리와 진수는 서로를 마주보았다.

"넌 어때?"

"난 발표라는 얘기만 나와도 고개를 숙이고 딴짓을 하게 돼."

진수가 대답했다.

"나도 그래."

혜리는 아이패드에 쓰인 '맞아요'라는 글자에 손가락을 갖다 댔다. 그러자 곧장 두 번째 질문이 나타났다.

친구들은 내가 발표를 잘 못하고 부끄러움을 많이 탄다고 생각한다.

맞아요   아닌걸요

나는 다른 친구들보다 발표를 아주 잘해야 한다고 생각한다.

맞아요   아닌걸요

내가 발표를 하면 친구들이 비웃고 손가락질할까 봐 걱정이 된다.

맞아요   아닌걸요

내가 발표해야 할 시간이 다가오면 오줌이 마렵고 어디론가 도망가고 싶다.

맞아요   아닌걸요

- 발표를 시작하면 당황하여 친구들 눈을 제대로 바라볼 수 없다.
  - 맞아요   아닌걸요

- 친구들이 일제히 나를 쳐다보면, 머릿속이 하얗게 되면서 아무것도 생각나지 않는다.
  - 맞아요   아닌걸요

- 발표할 때의 내 목소리가 낯설게 들린다.
  - 맞아요   아닌걸요

- 발표하라고만 하면 나도 모르게 말을 더듬기 시작한다.
  - 맞아요   아닌걸요

- 발표 때마다 친구들이 내 목소리가 잘 안 들린다고 말한다.
  - 맞아요   아닌걸요

혜리와 진수가 10번까지 답을 입력하자 갑자기 사이렌이 삑삑 울리더니, 화면에 '당신의 발표 지수는 최악!'이라는 글자가 나타났다. 그 모습을 본 초콜릿맨이 쓴웃음을 지으며 말했다.

"정말 너희처럼 자신감 없는 애들은 처음이다! 이렇게 자신감 없는 애들한테 발표 방법을 가르친다는 건 무리야."

순간, 혜리는 머릿속에서 검은 연기 같은 것이 치밀어 오르는 걸 느꼈다. 초콜릿맨에게 버럭 따지고 싶다는 생각이 들었다.

"우리가 오죽하면 아저씨를 찾아왔겠어요?"

헤리가 초콜릿맨을 흘겨보았다.

헤리의 눈에 눈물이 고일락 말락 하다가 쏙 들어가는 게 보였다. 그 모습을 본 초콜릿맨은 한결 부드러운 목소리로 말을 이었다.

"좋아. 발표를 할 때, 너희가 느끼는 가장 큰 문제점은 뭐니?"

진수가 먼저 말을 꺼냈다.

"전…… 부끄러움을 너무 많이 타요. 말을 하다 보면 저도 모르게 얼굴이 빨개지고, 부들부들 몸이 떨리고 그래요. 다른 애들은 자연스럽게 잘만 얘기하던데, 저만 유난히 부끄러움을 타는 것 같아요."

"흠, 그건 별로 큰 문제가 아닌 것 같구나."

"예?"

"생각해 봐, 부끄러움이 없는 사람이 오히려 이상한 거잖아. 부끄러움이란 나와 다른 사람이 어떻게 통해야 하는지에 대한 고민에서 나오는 자연스러운 감정이야. 네가 부끄러움을 많이 타는 건 다른 사람의 태도나 주변 환경에 예민하기 때문이야."

"생각해 보니까 그런 것 같아요. 전 다른 애들이 절 어떻게 생각할지 늘 걱정되거든요."

"네가 좋은 애라는 걸 친구들에게 알려 줘. 그러면 '내가 이렇게 말해도 친구들이 이상하게 받아들이지 않겠지?'라는 믿음이 생길 거야. 그 믿음이 네 자신감을 새로 자라게 해 줄 거야. 먼저 친한 친구들을 몇 명 모아 놓고 그 앞에서 발표하는 연습을 해 보면 어떨까? 그 친구들 앞에서라면 부끄러워하지 않을 수 있을 거야."

진수는 초콜릿맨의 말에 고개를 끄덕였다. 듣고 보니 일리가 있는 말이었다.

"생각해 보니까 그래요. 제가 유치원에 다닐 땐 발표를 엄청 잘했대요. 그런데 학교에 다니면서부터 자신감이 점점 사라진 거예요."

초콜릿맨이 말했다.

"누구나 유치원 때는 또박또박 말을 잘해. 유치원 때부터 소심한 아이는 극히 드물지. 하지만 사람들은 대부분 나이가 들수록 자신감을 잃게 돼. 왜 그런지 아니?"

"왜요?"

"다른 사람들이 날 어떻게 생각할지, 내가 말하면 어떤 평가를 내릴지 지나치게 신경 쓰게 되기 때문이야. 남들이 혹시 잘못했다고 흉보지나 않을까, 실수하는 건 아닐까, 안 해도 될 소리를 한 건 아닐까 하고 괜한 걱정을 하는 거지. 그러다 보면 자연스럽게 자신감을 잃고, 발표를 못하게 되는 거야."

"그런 걱정이 괜한 걱정이라고 생각하세요?"

"그래, 괜한 걱정이지. 실제로 네가 걱정하는 만큼 사람들이 네 이야길 심각하게 받아들일 것 같니?"

"아닌가요?"

"다른 친구가 발표하는 걸 보고 무슨 생각을 하니? 발표하다가 재채기 하는 애를 보면 어떤 생각이 들어? 발표하다가 말을 더듬는 애를 보면?"

"대체로 그냥 듣고, 그런가 보다 하고 흘려버리거나 웃어넘기죠."

진수의 말에 초콜릿맨이 무릎을 탁 쳤다. 짝 소리가 요란하게 났다. 그리고 곧바로 말을 이었다.

"그래, 바로 그거야. 대부분의 사람들은 네가 말하는 걸 보고 대수롭지 않게 생각할 거야. 그런데 너만 유독 네 모습이 이상하게 보이는 건 아닐까 하고 신경을 쓰는 거지. 때로는 좀 뻔뻔해져도 돼. 사람들이 뭐라고 생각하든 상관없다! 이런 넘치는 자신감도 발표력을 기르는 데 도움이 되더라고."

초콜릿맨이 '뻔뻔'라는 말을 유난히 강조했다. '뻔'이라는 말을 할 때마다 초콜릿맨의 두꺼운 입술이 도드라져 보였다. 진수는 그 모습을 보고 있자니 웃음이 피식 났다.

"자, 다음으로 혜리는 어떤 문제가 있는 것 같아?"

혜리는 잠시 뜸을 들이다가 대답했다.

"전…… 발표를 하려고 하면 덜덜 떨려요."

"떨린다고? 어떻게?"

"아주 미세하게 바들바들 떨리는 거예요."

혜리가 손을 들어 시늉을 해 보였다. 그러자 초콜릿맨이 심각한 표정을 짓더니 말을 시작했다.

"덜덜 떠는 데에는 다 이유가 있어. 떨린다는 건 그만큼 아직 준비가 되지 않았다는 몸의 신호야. 평소에 대화와 발표하는 걸 즐겨 하는 친구들을 살펴봐. 그 친구들은 자신감을 갖고 발표를 해. 하지만 반대로 실수를 하고 망신을 당한 경험이 있거나, 평소에 대화하는 걸 즐겨 하지 않았다면, 발표를 할 때 자신감이 없어지지. 자꾸 긴장하게 되고, 말도 빨라지고. 그래서 자신이 할 말을 잘 전달할 수 없게 되지."

"그럼 어떻게 해야 해요?"

혜리가 눈을 반짝이며 물었다.

"떨리면 떨릴수록 자신이 떨고 있다는 생각이 들기 마련이지. 그럼 그 자리를 빨리 피하고 싶어질 거야. 그럴 땐 떨고 있다는 사실을 빨리 잊어버려야 해. 또, 다른 사람들도 말할 때 떨릴 거라고 생각해 봐. 그럼 위로가 좀 될 거야."

"에이, 우리 반 최현아는 얼마나 잘하는데요! 그리고 대통령을 봐요. 물 흐르듯이 입에서 말이 줄줄 흘러나오잖아요."

"그건 네가 말하는 사람의 겉모습만 보기 때문에 그렇게 말하는 거야. 연설을 잘하기로 소문난 미국의 루스벨트 대통령 알지? 감동적인 연설로 국민의 마음을 움직여 2차 대전을 승리로 이끌었지. 그런데 루스벨트 대통령도 연설을 하기 전에는 언제나 가슴이 두근두근 뛰었다고 해. 그래서 연설을 하기 5분 전에 항상 '나는 잘할 수 있다! 나는 잘할 수 있다!'라고 수십 번 마음속으로 다짐을 했대. 이 세상에 부끄러움을 타지 않는 사람은 없어. 모두 자신감으로 이겨 내는 것이지."

 한참 이야기를 하던 초콜릿맨은 갑자기 배가 고프다며 자리에서 일어났다. 초콜릿맨은 부엌으로 가더니 냉장고에서 버섯과 토마토, 양파를 꺼냈다. 혜리와 진수도 따라가서 도울 게 없느냐고 물었다. 그러자 초콜릿맨은 혜리에게 양파 껍질 까기를 부탁했고, 진수에게는 버섯 다듬기를 부탁했다.

 물이 보글보글 끓기 시작했다. 초콜릿맨은 콧노래를 부르면서 칼질을 했다. 잠시 후 초콜릿맨의 요리가 완성됐다.

 "해물 스파게티야, 어때? 맛있어 보이지?"

 "생긴 게 참 오묘해 보여요."

 초콜릿맨의 요리는 스파게티라기보다는 국수에 가까웠다. 하지만 맛은 그 어떤 스파게티 요리 집에서 먹는 것보다 특별했다.

 "맛이 어때?"

 혜리와 진수가 엄지를 치켜들었다. 초콜릿맨이 웃었다.

 "이 음식에다가 발표를 잘하기 위한 마법의 주문을 한번 걸어 볼까? 요리요리 얍! 자, 이제 눈을 감고 교단에서 발표하는 네 모습을 상상해 보는 거야. 마음속으로 외쳐 봐. '못해도 괜찮아.', '틀려도 괜찮아.'라고."

 "못해도 괜찮아. 틀려도 괜찮아."

혜리와 진수는 국수를 한가득 입에 넣은 채로 소리쳤다.
"좀 더 크게! 자신감이 찰싹 붙을 때까지 계속!"
"못해도 괜찮아! 틀려도 괜찮아! 못해도 괜찮아! 틀려도 괜찮아!"
"잘했어. 발표를 좀 못하면 어떻고, 틀리면 어떠니? 그깟 실수 좀 하면 어떠냐고. 하고 싶은 말만 잘 전달하면 되는 거잖아. 안 그래?"
국수처럼 생긴 스파게티를 깨끗하게 먹어 치운 초콜릿맨은 이쑤시개로 이를 쑤셨다. '끄억' 하고 트림도 했다.

"자, 이제 초콜릿맨의 자신감 키우기 두 번째 방법을 일러 주마."

"그게 뭔데요?"

"이번에는 잊어버려야 할 것이 있어. 마음속에서 다른 아이들이 발표하는 모습을 깨끗하게 지워 버려. 특히 잘하는 아이, 최현아 같은 애는 기억하지도 마."

혜리는 고개를 갸웃했다.

"왜요? 최현아를 본받아야 하는 것 아니에요? 선생님은 계속 그런 말씀을 하시던 걸요?"

"아니야. 자신감을 잃어버리는 건 다른 아이들과 자신을 자꾸 비교하기 때문이야. 비교할수록 자기는 제대로 할 줄 아는 게 없다는 생각에 빠지게 돼. 사람은 모든 걸 잘할 순 없어. 그런데 모든 걸 잘하려고 하니까 자신감을 잃어버린단다. 자신감을 가지려면 자신의 부족한 점부터 인정해야 해. 그리고 잘하는 것도 있으니까 못하는 것도 열심히 하면 어느 정도 잘할 수 있다고 믿어야 해. 혜리, 넌 잘하는 게 뭐니?"

"음…… 전 그림 그리는 거 좋아해요. 좀 잘하는 것 같기도 하고요."

혜리의 말에 초콜릿맨은 고개를 끄덕였다.

"좋아, 그럼 발표하기 전에 자신한테 이렇게 말하는 거야. '나는 발표는 좀 못하지만, 그림은 잘 그려. 발표 연습도 열심히 하면 언젠가는 잘할 수 있을 거야.'라고."

혜리는 초콜릿맨의 말이 일리가 있다고 생각했다. 그러나 진수는 달랐다. 진수는 혜리와는 달리 잘하는 게 아무것도 없다며 그럴 땐 어떻게 해야 하느냐고 물었다.

"아무리 생각해도 저는 잘하는 게 하나도 없어요. 저 같은 애들은 어떻게 해야 해요?"

진수의 말에 초콜릿맨은 고민에 잠긴 듯했다. 한참 만에 초콜릿맨이 '아!' 하고 박수를 쳤다.

"도넛이 처음 세상에 나왔을 때 사람들의 반응은 두 가지였어. 어떤 사람들은 도넛을 보고 '이 구멍은 뭐야? 쓸모없는 구멍 때문에 빵의 크기만 줄었잖아!' 하고 불평을 했어. 하지만 또 다른 사람들은 '어머, 이 구멍 때문에 더 먹음직스러워 보이는 것 같아! 손으로 잡기도 편하고 좋은데?'라며 기뻐했지. 빵의 크기가 줄었다며 투덜대는 사람과 더 먹음직스러워 보인다며 기뻐하는 사람. 둘 중 어느 쪽이 더 행복하고, 자신감 있고, 기분 좋게 세상을 살 것 같니?"

"그야 도넛 구멍을 보고 기뻐하는 사람이죠."

이번에는 둘이 동시에 대답했다. 그러자 초콜릿맨이 고개를 끄덕였다.

"그래, 크기가 줄었다고 불평하는 사람은 결코 도넛을 맛있게 먹을 수 없어. 세상의 나쁜 면부터 보는 사람들이거든. 이 사람들은 늘 나쁜 생각만 하고, 부정적인 생각만 하면서 살 거야. 하지만 더 먹음직스럽다고 기뻐하는 사람들은 세상의 좋은 면을 보려고 애쓰는 사람들이야. 이 사람들은 행복한 인생을 살게 될 거야."

"잘하는 게 없다고 불평하지 말고, 저의 좋은 점을 찾아보란 말씀인 거죠?"

진수가 정리하자 초콜릿맨이 씨익 웃었다.

"오, 생각보다 똑똑하구나. 이걸로 너의 장점 하나 발견!"

그날 저녁, 혜리와 진수는 옥상으로 올라가서 자신감이 생기는 주문을 외웠다. 두 팔을 크게 벌리고, 크게 심호흡을 한 다음 세상 사람들을 향해 크고 또박또박한 목소리로 외치는 것이다.

"못해도 괜찮아. 틀려도 괜찮아. 못하면 웃어 넘기면 되지. 실수하면 다시 하면 되지. 열 번 아니 백 번 다시 해도 돼. 친구들이 놀리면 웃어 버리면 돼. 그러면 친구들이 더 좋아할걸. 사람은 실수하면서 배우는 거야. 처음부터 잘하는 사람은 없어. 세상에 실수하지 않는 사람은 없어!"

초콜릿맨은 이 주문을 외울 때 가슴 밑바닥에 있는 힘까지 끌어올려서 크게, 크게 외쳐야 한다고 강조했다.

혜리와 진수는 시키는 대로 있는 힘껏 주문을 열 번이나 반복해서 외쳤다. 그러자 마음 한구석이 편안해지는 것 같았다.

자연스럽고 논리적인 발표를 하려면?

많은 사람이 여러분의 발표를 기다리고 있습니다. 그 사람들이 반짝이는 눈으로 무엇을 기다리는 걸까요? 바로, 여러분이 말하고자 하는 내용이지요. 따라서 말하고자 하는 내용을 사람들에게 잘 전달하는 게 가장 중요합니다.

만약 여러분이 저처럼 아이폰을 만들어서 발표를 한다고 상상해 보세요. 여러분은 어떻게 발표를 할 건가요? 설명서를 읽을 건가요?

그렇게 지루한 발표는 아무도 듣지 않을 거예요. 사람들은 아이폰이 주는 즐거움이 구체적으로 어떤 건지, 아이폰을 쓴다면 삶이 어떻게 변할지가 궁금할 테니까요. 그러니까 자신의 생각을 생생하게 표현하는 게 중요해요. 딱딱하고, 재미없게 전달하지 말고요.

생생한 느낌을 살려서 표현을 하려면 말하고자 하는 내용을 철저하게 공부해야 해요. 그리고 그 내용을 머릿속에 완전히 집어넣어야 하지요. 대충 원고로 써서 읽어서는 안 됩니다. 원고 없이도 얼마든지 발표할 수 있을 정도로 완벽하게 알아야 합니다. 발표하고자 하는 내용에 대해 책을 읽고 조사하고, 친구들에게 물어보고, 밥을 먹으면서도 생각하세요. 좋은 생각이 떠오르면 꼭 기록하는 것도 잊지 마세요.

　여러분은 아마 발표를 하기 전에 30분이나 1시간 정도 준비를 할 거예요. 하지만 그 정도 시간을 들여서는 결코 훌륭한 발표를 할 수 없어요. 뛰어난 웅변가였던 영국의 윈스턴 처칠 전 총리는 1분을 연설하기 위해 1시간을 연습했다고 해요. 저도 한 번의 발표를 위해 몇 개월 동안 연습을 합니다. 지금까지 세상에서 훌륭한 연설을 했던 사람들은 모두 엄청나게 많은 공부를 하고, 연습했다는 것을 명심하세요.

7장
말하기 자세

"**오늘은** 말하기 자세를 가르쳐 주도록 하지."

초록색 체육복을 입은 초콜릿맨이 군대 조교처럼 힘주어 말했다. 혜리와 진수는 피식 웃음을 터트렸다.

"어허, 웃지 말고 시키는 대로 해 봐."

초콜릿맨은 혜리와 진수에게 차려 자세로 서 보라고 했다. 둘이 "차렷!" 하고 섰더니, "몸에 너무 힘이 들어가 있으면 안 돼. 부드럽게, 자연스럽게! 11자로 서서 한쪽 발을 조금 내밀어 봐." 하고 초콜릿맨이 소리쳤다.

혜리와 진수는 시키는 대로 발을 내밀었다. 그러자 이번에는 어깨를 툭툭 치면서 엄격한 목소리로 말했다.

"몸이 한쪽으로 기울었잖아. 앞으로 쏠려도 안 되고, 뒤로 기울어져도 안 돼. 반듯하게 서라고. 두 팔은 자연스럽게 맞잡아도 좋으니까 시키는 대로 해 봐."

"꼭 이렇게까지 해야 해요?"

"제대로 선 다음에 말하는 연습을 해 봐. 뭔가 달라지는 걸 느낄 수 있을 거야."

초콜릿맨은 혜리와 진수를 마주 보게 했다. 그리고 둘에게 서로를 보며 한마디씩 하라고 했다.

"혜리야, 안녕? 킥!"

진수가 먼저 말했다. 그러나 쑥스러워서 그랬는지 킥 소리를 내며 눈을 피해 버렸다. 혜리도 진수를 향해 팩 쏘아붙이듯이 "안녕!" 하고는 고개를 숙였다. 그러자 초콜릿맨이 "그렇게 하면 안 된다니까!" 하고 소리쳤다.

"자, 이야기를 할 때는 상대를 바라봐야지. 눈은 마음의 창이라는 말도 못 들어 봤어? 눈을 보면 마음을 알 수 있다는 뜻이라고. 그러니까 발표하는 사람은 듣는 사람과 눈을 마주쳐야 해. 눈을 마주쳐야 마음이 전달되니까."

초콜릿맨이 다시 진수에게 말을 하도록 시켰다. 진수는 혜리의 눈을 바라보며 어렵사리 입을 열었다.

"혜리야, 난 너하고 이렇게 발표 수업을 받게 돼서 참 다행이라고 생각해. 나 혼자였다면 훨씬 힘들었을 거 같아."

순간 혜리의 얼굴이 빨갛게 달아올랐다.

"이젠 혜리 차례네."

초콜릿맨이 말했다. 혜리는 머뭇거리다가 말을 시작했다.

"난……."

혜리는 차마 진수의 눈을 볼 자신이 없었다. 자신을 향한 시선이 부담스럽고, 부끄러워서 견딜 수가 없었던 것이다. 혜리는 결국 초콜릿맨의 손을 보며 말했다.

"나도 너랑 발표 수업을 받게 돼서 즐거워. 하루빨리 우리가 말 잘하는 아이가 됐으면……."

혜리는 민망함을 이기려고 말끝을 얼버무리고 말았다. 말하는 속도도 엄청 빨랐다. 빨리 끝내고 싶다는 생각만 간절했기 때문이었다. 그때 초콜릿맨이 한숨을 내쉬었다.

"진수도 틀렸고, 혜리도 틀렸어. 진수야, 눈만 빤히 바라보면 안 돼. 그 사람이 민망할 정도로 힘주어 바라보기만 하면, 네가 전하고자 하는 말을 제대로 전달할 수가 없잖아."

초콜릿맨이 시범을 보였다. 초콜릿맨은 진수의 눈을 바라보다가, 또 혜리의 눈을 바라보기도 하고, 잠시 진수의 이마 쪽으로 시선을 옮기기도 했다. 그러나 말하는 내내 초콜릿맨이 자신들을 보고 있는 느낌이 들 만큼 자연스러웠다.

"여러 명과 이야기할 때는 여러 사람을 어루만지듯이 골고루 바라보아야 하고, 한 명과 얘기할 때는 그 사람이 무안하지 않을 정도로 깊이 있는 시선을 주는 게 중요해."

"아!"

"그리고 혜리야. 듣는 사람의 눈을 바라보기 어렵니? 가슴이 떨려?"

"예. 꼭 광선이 나올 것 같고, 날 노려보고 있는 것 같아서 가슴이 울렁거려요."

혜리가 볼멘소리를 했다.

"그래? 그렇다면 듣는 사람의 눈 조금 위인 이마를 바라보는 건 어떨까? 교실에서 발표할 땐 교실 중간에서 조금 뒤쪽을 바라봐. 그럼 마음이 한결 편안해질 거야."

그날, 발표 수업이 끝나고 집으로 돌아가는 길에 혜리는 우뚝 멈

추어 섰다. 진수가 뒤를 돌아보았다. 혜리는 진수의 눈을 물끄러미 바라보며 말했다.

"진수야, 미안. 아깐 너랑 눈을 마주 볼 자신이 없었어."

"괜찮아."

"이렇게 눈을 보고 말하니까, 네 진심이 느껴지는 것 같아서 참 좋다……."

혜리의 말에 진수가 환하게 웃었다.

그날 저녁, 혜리는 집에서 거울을 보며 말하는 연습을 했다. 처음에는 거울 속의 자신에게조차 눈을 마주하는 게 민망했다. 하지만 자꾸 이야기를 하다 보니 눈을 바라볼 때 어떤 식으로 하면 좋을지 요령이 생기는 것 같았다.

발표할 때의 자세

눈은 매우 중요합니다. 눈은 '마음의 창'이라고 했으니까요. 이 말은 눈을 들여다보면 마음을 볼 수 있다는 뜻입니다. 발표는 입으로만 하는 게 아닙니다. 온몸으로 하지요.

눈은 청중을 고루 바라봐야 합니다. 청중의 눈을 마주치는 게 아주 중요해요. 처음에는 잘 안 될 거예요. 두렵기도 하고요. 하지만 용기를 내서 눈을 마주치세요. 그래야만 자신의 마음이 전달됩니다.

청중은 여러분이 자신을 바라보기를 기다립니다. 그런데 발표자가 자신을 바라보지 않고, 천장을 바라보거나 딴 곳을 바라보며 말하면 청중은 실망합니다. 여러분의 발표를 잘 듣지 않아요. 청중이 자기 말에 집중하기를 기대한다면, 반드시 눈을 마주치세요. 모든 사람과 골고루 눈을 마주치세요.

표정

여러분이 어떤 사람을 처음 만났어요. 그런데 그 사람이 딱딱하게 굳은 표정이라면 여러분의 기분은 어떨까요? 왠지 그 사람에게 거리감이 느껴질 것입니다. 발표할 때 표정도 마찬가지입니다. 발표를 잘하려면 우선, 청중과 거리감이 없어야 해요. 그러려면 표정이 밝아야 하지요. 처음부터 살짝 미소를 띠고 웃는 표정을 지어 보세요. 그래야 청중이 여러분에 대한 경계심을 풀고 여러분의 발표를 따뜻한 마음으로 받아 줄 것입니다.

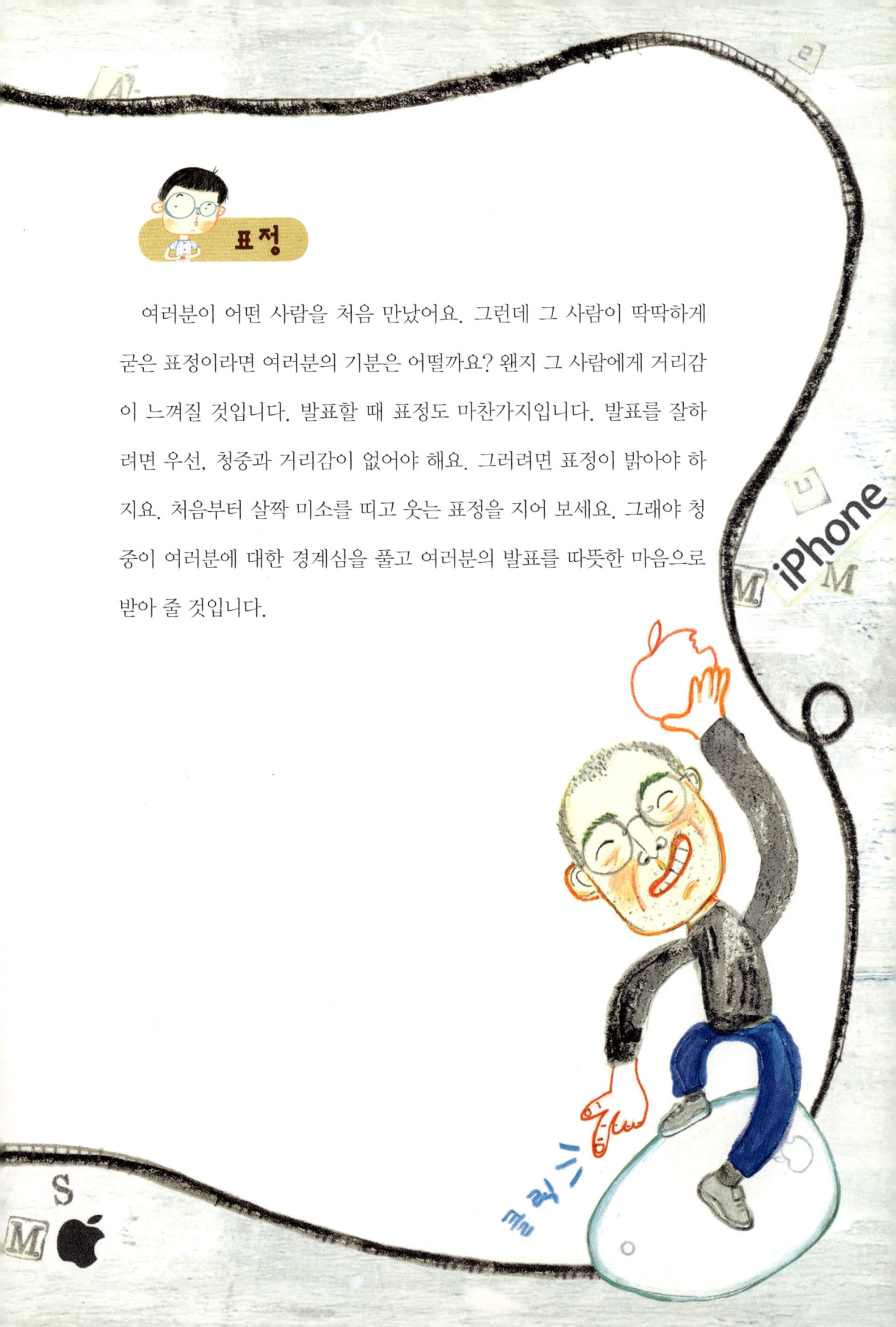

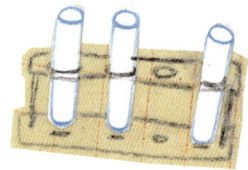

거울을 보고 연습한 지 일주일쯤 되었을 무렵이었다. 혜리는 과학 실습 시간 조장으로 뽑혔다. 순전히 번호 때문에 뽑힌 것이었다.

"각 조의 조장은 앞으로 나와서 정리한 내용을 말하도록 하세요."

선생님이 말하자, 재철이가 입을 씰룩거리며 말했다.

"야, 잘해! 우리 조 망신시키지 말고."

"야, 넌 말을 해도. 망신이 뭐냐?"

진수가 재철이를 향해 툭 쏘아붙였다.

"왜? 쟤 때문에 우리 조원들이 고생한 게 엉망이 될까 봐 그러는 거잖아."

"그렇게 걱정이 되면 네가 나가서 발표를 해. 선생님! 재철이가 저희 조 조장이 하고……."

진수가 손을 번쩍 들고 말하려는데, 재철이가 얼른 진수의 손을 내리며 소리쳤다.

"내, 내가 왜? 조장은 번호에 7이 들어 있는 애들만 하는 거잖아.

난 12번이야."

"괜찮아, 진수야. 잘하고 올게."

혜리는 진수에게 손을 흔들어 보이며 말했다. 드디어 혜리와 진수 조가 발표할 차례였다. 혜리는 교단에 서서 아이들을 바라보았다. 아이들의 눈이 못처럼 가슴에 와 박히는 것만 같았다.

"우, 우리 조에서 실험한 결과를 말씀드리겠습……니다."

혜리는 마음을 가다듬고 떨리는 목소리를 진정시켰다. 그리고 마음속으로 초콜릿맨이 가르쳐 준 것을 떠올리려고 애썼다.

'실수해도 괜찮아. 틀려도 괜찮아. 눈을 보고, 자연스럽게……. 자연스럽게.'

차츰 혜리의 마음이 진정되기 시작했다. 혜리는 조용한 목소리로 아이들을 바라보며 또박또박 말을 이었다.

드디어 발표가 끝나자 아이들이 박수를 쳤다. 순간, 혜리의 얼굴이 빨개지고, 열이 나는 것 같았다. 참았던 부끄러움이 동시에 밀려들었다.

'휴, 끝났다.'

혜리가 혀를 쏙 내밀며 손바닥을 부채처럼 젓고 있을 때였다. 선생님이 혜리 쪽으로 저벅저벅 다가오더니, 갑자기 손을 들어 혜리의 머리를 쓰다듬었다.

"혜리가 아주 준비를 잘해 왔구나. 발표도 참 잘했어."

그제야 혜리의 입가에 미소가 번졌다. 초콜릿맨에게 배운 것이 정말 효과가 있구나 싶어서 용기가 났다.

"여러분도 혜리처럼 열심히 노력해 보세요. 그러면 훨씬 좋은 발표 실력을 갖게 될 거예요."

선생님이 이렇게 말하고서 교실 밖으로 나갔다. 수업이 끝나자 혜리는 여자아이들 사이에서 영웅이 됐다.

"와, 혜리야! 나 아까 깜짝 놀랐어. 어쩜 그렇게 또박또박 말하니?"

"현아보다 네가 더 잘하는 것 같아."

"그래! 요새 특별 과외라도 받는 거야?"

혜리는 손을 휘휘 저으며 웃었다.

"에이, 그런 거 아니야."

그때였다. 혜리 쪽을 빤히 노려보고 있던 현아가 '흥!' 하고 고개를 돌리는 모습이 보였다.

그날 점심시간이었다. 혜리가 급식을 먹기 위해 줄을 서서 기다리는데, 갑자기 아름이가 와서 툭 하고 부딪혔다. 그 바람에 혜리의 식판이 공중으로 휙 날아올랐다.

"으악!"

공중에 붕 떠 있던 반찬들이 혜리의 머리에 떨어지고 말았다.

"어머, 미안!"

아름이가 얄미울 만큼 뻔뻔한 표정으로 사과를 했다. 혜리는 머리에 붙은 김치 조각을 떼어 내며 아름이를 노려봤다.

"미안하다고 사과했잖아."

"최아름, 네가 일부러 그런 거 다 알아!"

"어머, 내가 언제?"

아름이가 양손을 허리춤에 갖다 대더니, 씩씩거리며 혜리를 노려봤다. 그때 아이들이 우르르 모여들었다. 수십 개의 눈이 혜리를 향해 달려드는 것만 같았다.

"말해 봐, 내가 일부러 그랬다는 게 무슨 뜻이야?"

"그러니까……. 그게……."

혜리는 다음 말을 잇지 못했다.

초콜릿맨에게 배운 발표 기술이 온데간데없이 사라져 버리고 아무 생각도 나지 않았다. 혜리는 고개를 숙인 채 웅얼거리다가 울음을 터트리고 말았다. 다시 자신감이 사라지고, 아이들 앞에서 말하는 게 두려워지기 시작했다.

'이제 난 어떡해…….'

혜리는 학교가 끝나자마자 초콜릿맨의 방송국으로 달려갔다.

"저, 더 이상 남들 앞에서 말할 자신이 없어요."

"아니, 갑자기 왜?"

혜리는 이유를 잘 모르겠다며 고개를 흔들었다.

"음…… 혜리야, 사람이 여럿 모인 곳에 가면 말문이 턱 막히고, 다른 사람들 앞에서 얘기해야 할 땐 두렵고 말을 더듬게 되니? 무슨 말을 했는지 기억도 잘 안 나고 횡설수설하다가 한 말도 잊어버리고 그래?"

"네……."

"진수하고는 종알종알 얘기도 잘하잖아."

"그건 진수처럼 편한 친구한테만 그래요. 사람들 앞에서는 불안하고 긴장돼 할 말을 못하겠어요. 다른 애들이 저를 아무 재주도 없는 이상한 애라고 생각할 것 같아서 무서워요."

초콜릿맨은 한쪽 팔꿈치를 책상에 대고 손으로 얼굴을 받친 채 혜리의 이야기를 들었다. 혜리는 눈시울을 붉히며 고민을 이야기했다. 초콜릿맨이 아주 진지하게 혜리의 고민을 들어 준 덕분이었을까. 혜리는 자신의 가슴속에 있는 말을 노소리 꺼낼 수 있었다.

"후, 말을 다 하고 나니까 속이 좀 후련해지는 것 같아요."

혜리의 이야기가 끝나자 초콜릿맨이 입을 열었다.

"나폴레옹이 이런 말을 했지. '내가 생각한 것을 말로 다 표현할 수만 있다면 난 이 세상에서 못 할 일이 없을 것이다!' 성공의 99퍼센트는 마음가짐에 있어. 자기 생각을 제대로 표현한다는 것은 인생을 행복하고 성공적으로 살아가기 위한 가장 멋진 기술이야. 경쾌한 음성으로 네가 하고자 하는 이야기를 정확하고, 시원시원하게 말한다면 다른 사람들도 널 다시 보게 될 거야."

"어떻게 해야 그렇게 말할 수 있을까요?"

혜리의 말에 초콜릿맨은 손가락으로 귀를 가리켰다.

"먼저 듣는 것의 소중함을 깨달아야 해."

"말하는 법을 가르쳐 달라니까, 갑자기 왜 듣는 걸 이야기하시는 거예요?"

혜리가 갸웃했다.

"그러니까 다른 사람의 말을 잘 듣는 것부터 배워야 해. 말은 자기가 하고 싶은 걸 이야기하는 게 아니야. 다른 사람과의 공감대를 만드는 과정이라는 걸 알아야 해. 내 생각을 잘 표현해서 다른 사람과 함께 공감하는 거야. 그러자면 상대방과 마음이 잘 통해야 해."

"그런가?"

혜리는 저절로 고개가 끄덕여졌다.

"듣는 것은 어떻게 해야 잘할 수 있을까? 먼저 지금까지 익힌 잘못된 듣기의 자세를 뜯어고쳐야겠지. 가장 먼저 비교하는 자세를 버려야 해! 상대방의 말에 집중하는 게 아니라 상대방의 외적인 모습을 나와 비교하는 자세. 입고 있는 옷이나, 가지고 있는 물건 등을 보면서 상대방의 말에는 집중을 하지 않지."

　초콜릿맨의 말에 혜리는 현아의 이야기를 들을 때 자기가 했던 행동을 떠올려 보았다. 혜리는 항상 현아의 외모와 옷차림을 살펴보면서 '부럽다'라는 생각을 했다. 오히려 들어야 할 현아의 이야기에는 별로 귀를 기울이지 않았다.

"둘째. 싫증내는 태도, 재미가 없다고 상대방의 말을 막고 딴 얘기를 하는 자세를 버려야 해. '그래서 어떻게 된 건가요?', '그건 왜 일어난 거지요?'와 같은 질문을 하면 질문에 대답하기 위해 상대방은 하려던 얘기를 놔두고 더 깊은 이야기를 할 수밖에 없지."

"아…….'

헤리는 자신의 평소 습관을 떠올리며 고개를 끄덕였다. 그때였다. 초콜릿맨의 휴대전화에 문자가 날아왔다. 헤리는 물끄러미 초콜릿맨의 휴대전화 화면을 바라보았다. 초콜릿맨이 황급하게 문자를 열어 보았다. 거기에는 이런 내용이 쓰여 있었다.

다음 시간에는 말을 잘하면 좋은 점에 대해 가르쳐 주세요.

이어서 문자가 하나 더 날아왔다.

말을 잘하게 되면 발음이 정확해져요. 또 행동이 자연스러워지겠지요? 용기와 자신감이 생길 테고, 표정이 밝아질 거예요. 유머도 늘고, 재치가 생길 거고, 배짱이 생겨서 자신감이 두둑해지겠죠. 인간관계도 좋아질 거예요. 스트레스가 풀릴 거고, 자동적으로 건강도 좋아질 거예요. 결론은 말을 잘하면 사는 것이 재미있고, 행복해진다는 거예요.

혜리의 눈이 휘둥그레졌다.

"이게 뭐예요?"

"이, 이건……."

초콜릿맨이 말을 더듬었다. 혜리는 보이지 않는 위쪽의 문자도 쭉 훑어보았다. 끝도 없이 나오는 문자는 모두 초콜릿맨이 수업 시간에 가르쳐 주었던 내용이었다.

"이 문자, 누가 보내는 거예요?"

"휴, 기왕 이렇게 된 거 솔직하게 얘기해 줄게. 이건 내 스승님이신 스티브 잡스가 보내는 거야."

"스티브 잡스요? 그 사람은 죽었잖아요!"

혜리의 목소리가 커졌다.

청중이 발표에 집중하게 하려면?

발표는 한마디로 쇼입니다. 한바탕 즐겁고, 멋진 쇼입니다. 여러분은 자신을 멋진 쇼의 주인공이라고 생각하세요.

쇼는 즐거워야 합니다. 감동적이어야 합니다. 청중의 관심을 끌어야 합니다. 지루해서는 안 됩니다. 그러니까 여러분은 청중을 즐겁게 해야 하지요. 재미있는 말이나 행동으로 청중을 웃겨 보세요. 재미있는 말을 했는데, 청중이 별 반응을 보이지 않는다 하더라도 신경 쓰지 마세요. 단지 몇몇 사람만 고개를 끄덕이고, 살짝 미소를 짓는 것만으로도 성공인 것입니다.

사람의 집중력은 15~30초에 불과하다고 합니다. 15~30초가 지나면 사람들은 딴생각을 하고, 지루한 표정을 짓지요. 그러니까 15~30초가 지나기 전에 핵심적인 이야기로 주목을 끌어야 해요. 무엇으로 주목을 끌어야 할까요? 잘 차려입은 외모? 깜짝 놀랄 만큼 커다란 목소리? 화려한 자료 화면?

발표는 말로만 하는 게 아닙니다. 눈으로, 또는 손으로 메시지를 전달할 수 있어야 합니다. 그래서 전달하고자 하는 내용을 도표나 그래프 등의 이미지로 만들어서 전달하면 아주 효과적이지요. 그림은 글보다 이해하기 쉬우니까요. 하지만 현란하고 화려할 필요는 없습니다. 오히려 복잡해 보이고 이해가 안 될 수 있거든요. 누가 봐도 쉽게 이해할 수 있도록 깔끔하게 정리하면 됩니다. 물론 정확한 자료를 바탕으로 해야 하는 건 기본이지요.

또 목소리의 크기와 톤도 중요합니다. 목소리를 잘 조절하면 감정을 풍부하게 전달할 수 있습니다. 그게 어느 정도의 크기와 어떤 톤이냐고요? 그것은 많은 연습을 통해 스스로 터득해야만 합니다.

초콜릿맨의 스승이 스티브 잡스라는 사실을 알게 된 혜리는 놀라움을 감출 수 없었다. 우리가 죽은 줄로만 알고 있는 스티브 잡스는 사이버 세상에 자신의 뇌에 들어 있는 데이터를 모두 전송시켰다고 한다. 덕분에 스티브 잡스는 사이버 세상에서 영원히 죽지 않는 존재가 된 것이다.

"그럼 아저씨의 고민도 이렇게 해결해 준 거예요?"

"내 경우는 그랬지."

"와, 이런 글로도 힘을 줄 수 있구나."

"내가 얘기한 적 있지? 한때 너무 우울하고 슬퍼서 방 안에만 틀어박혀 있었다고. 그때 내게 유일한 즐거움은 컴퓨터 게임을 하는 거였어. 한참 게임을 하고 있는데, 갑자기 쪽지가 날아왔어."

"그 쪽지를 보낸 사람이 스티브 잡스였다고요?"

"그래. 나도 처음엔 믿을 수가 없었지. 하지만 스티브 잡스가 내 마음을 이해하고, 공감해 준다는 걸 느낀 순간 난 자신감이 생겼어."

그날 이후, 혜리는 초콜릿맨을 도와 게시판에 올라온 고민 해결 방법 찾는 일을 하게 됐다.

번호	제목	닉네임	시간	조회	댓글
23926	친구들이 절 싫어해요	미미	14:00	142	
23925	터진 만두님, 봐 주세요	상냥한 씨	13:30	154	[1]
23924	만두님, 고마워요	초록이	13:23	164	[6]

소원 우체통은 아예 '터진 만두의 소원 우체통'으로 이름을 바꿔 달 정도로 인기가 많았다. 혜리는 사람들의 고민을 읽고 진지하게 답장을 해 주었다. 대부분 스티브 잡스의 조언을 바탕으로 해서 혜리의 생각을 덧붙이는 거였지만, 그것이 사람들에게는 엄청난 힘이 되는 듯했다.

다른 사람의 이야기를 들어 주는 일을 하다 보니, 점차 혜리의 행동도 달라지기 시작했다. 얼마 전만 하더라도 혜리는 다른 친구들에게 무조건 말을 걸어 보려고 노력했다. 하지만 쉽게 주고받을 만한 화제를 찾지 못해 대화가 끊어지기 일쑤였다.

그러나 소원 우체통을 맡아 관리하게 되면서부터 혜리는 친구들에게 무조건 말을 걸기보다는 천천히 말을 들어 주는 일에 관심을 갖게 됐다. 다른 친구들의 태도나 습관, 버릇 같은 것을 유심히 관

찰하게 된 것도 이 무렵부터였다. 그러다 보니 혜리는 누구하고라도 자연스럽게 이야기를 할 수 있게 되었다.

"안녕? 너, 가수 샤니 좋아하지? 그 사람 노래를 자주 흥얼거리는 것 같았어. 노래 참 잘 부르더라."

이런 식으로 말을 걸었더니 금세 친해지게 되는 것이었다. 그러다 보니 반 아이들 사이에서도 혜리의 인기가 늘어났다.

"또 고맙다는 글이 올라왔어. 혜리 너 진짜 대단한 것 같아. 고민 해결사야, 해결사!"

"에이, 뭘……."

그 사이, 또 한 통의 고민이 올라왔다. 혜리는 게시물을 클릭해 보았다. 고민의 내용은 이랬다.

> 안녕하세요, 터진 만두 님.
> 우리 집은 넉넉한 형편이 아닙니다. 그런데 엄만 제게 그저 공부만 열심히 하면 된다면서 학원에 보내십니다. 사실 전 공부를 그렇게 잘하는 아이가 아니에요. 열심히 공부를 한다고 해서 일등을 할 자신도 없고요. 차라리 다른 걸 하고 싶은데, 엄마 아빠가 실망할까 봐 두려워서 매일 공부하는 척만 하고 있어요. 전 어떻게 해야 할까요?

글을 읽은 혜리는 진지한 표정으로 눈을 반짝였다.

그때였다. 초콜릿맨이 소원 우체통을 잘 관리해 준다며 선물해 준 혜리의 아이패드에서 메시지가 도착했다는 알림음이 울렸다.

[2012년 6월 1일 금요일]

 사연은 잘 봤어. [오후 5:15]

내 이야기를 들려주면 어떨까? [오후 5:15]

난 가난하지만 성실한 양부모님께 입양된 운 좋은 아이였지. 내 양부모님은 딸을 원했는데, 난 아들이었어. [오후 5:16]

처음에 부모님은 날 입양해도 좋을지 망설였다고 해. 하지만 내가 웃는 모습을 보고 단번에 "좋아요!" 하고 말씀하셨지. [오후 5:17]

난 양부모님께 실망을 안겨 드리지 않으려고 열심히 공부했어. 하지만 난 똑똑한 학생은 아니었지. 공부를 아무리 열심히 해도 좀처럼 원하는 성적표를 보여 드릴 수가 없었어. [오후 5:20]

 그리고 나이가 들어 대학에 가게 됐지. 부모님은 내가 대학을 졸업하면 아주 근사한 직장을 얻을 거라고 생각했어. 하지만 난 그렇지 않을 거라 확신했지. 좋은 직장은 공부를 잘한다고 해서 얻을 수 있는 게 아니니까. [오후 5:21]

 난 학교를 그만두기로 했어. 대신 다른 공부는 접어 두고, 내가 하고 싶었던 디자인 공부에 집중하기로 했지. [오후 5:23]

 부모님은 실망하셨고, 학비를 보내 주지 않겠다고 말씀하셨지. 학비를 지원 받을 수 없게 된 나는 가난한 학창 시절을 보냈어. 마룻바닥에서 잠을 자고, 코카콜라 병을 모아 판 돈으로 밥을 사 먹었어. [오후 5:24]

 하지만 만족했어. 내가 하고 싶은 일에만 집중해서 노력할 수 있었으니까 말이야. [오후 5:24]

 난 학교 수업을 듣는 대신 다른 곳에 가서 그동안 배우고 싶었던 서체 스타일을 공부했어. [오후 5:25]

> 그건 훗날 내가 매킨토시와 아이폰을 만드는 데 밑거름이 된 기술이었지. 만약 그때 내가 진짜 하고 싶은 것을 선택하지 않았더라면, 난 아마 매킨토시나 아이폰을 만들 수 없었을 거야. [오후 5:26]

> 어때? 이 내용을 고민을 털어놓은 친구에게 잘 전달해 주렴. [오후 5:27]

아이패드로 온 것은 스티브 잡스의 글이었다.

헤리는 스티브 잡스가 이야기해 준 내용에다가 자기 생각을 덧붙여 정리했다. 그 모습을 본 초콜릿맨이 말했다.

"헤리는 다른 사람 말을 듣고 공감해 주는 능력이 굉장히 높은 것 같아. 그게 너의 장점인 걸 알고 있니?"

"공감 능력이요?"

"응. 다른 사람들의 고민을 나에게 일어난 일처럼 깊이 생각할 수 있는 능력을 말하는 거지. 그렇게 자기 일처럼 고민하다 보면 좋은 해결 방법을 생각해 낼 수 있고, 진심 어린 조언을 할 수도 있어."

초콜릿맨의 말에 헤리는 자신이 가진 또 다른 능력에 대해 새삼 생각해 보게 됐다.

'나한테 이런 장점도 있구나…….'

자신의 새로운 장점을 찾게 된 헤리는 생활에서도 많은 것이 달라지게 됐다.

'내 장점을 살려서 할 수 있는 일을 찾아봐야지. 뭐가 있을까……. 그래, 고민을 들어 주는 일! 그걸 해 보면 좋겠다.'

혜리는 친구들의 고민을 진지하게 들어 주기 시작했다. 그러자 놀라운 변화가 생겼다. 학교에서 존재감이라곤 찾아볼 수 없었던 혜리가 차츰 유명해지기 시작한 것이다.

아이들이 혜리에게 먼저 말을 거는 경우도 늘었다. 혜리는 그런 아이들에게 항상 웃으며 인사하고, 칭찬할 점을 찾아 이야기해 주려고 노력했다. 그러던 어느 날이었다.

아름이가 불쑥 혜리에게 말을 걸었다.

"저기……."

"왜 그래?"

"나랑 얘기 좀 할래?"

아름이는 혜리에게 조용한 곳으로 가서 얘기를 하자고 부탁했다. 혜리는 순순히 운동장 쪽으로 걸어 나갔다.

"무슨 일인데?"

혜리가 먼저 물었다.

"실은…… 나도 너처럼 당당해지고 싶어!"

"뭐?"

"난 현아가 나랑 안 놀아 줄까 봐 항상 걔가 시키는 대로만 했어. 내가 하고 싶은 말은 한마디도 못했어. 다른 애들은 날 부러워해. 현아랑 제일 친하니까. 하지만 내가 얼마나 속상한지는 아무도 모를 거야. 그리고…… 저번 점심시간 때의 일은 정말… 미안해……."

'나에게 고민을 털어놓다니! 게다가 사과까지!'

아름이의 고민을 들은 혜리는 진심으로 고맙고, 반가웠다. 혜리는 초콜릿맨에게 배운 것들을 활용해서 아름이한테 조언을 해 주었다.

"어떤 아저씨가 그러는데, 친구는 자기가 가진 능력을 더욱 빛나게 해 주는 사람이랬어. 내게 무언가를 요구하고, 내게 무언가를 바라는 사람은 친구가 아니야. 진짜 친구는 내가 무엇인가를 할 수 있게 응원해 주는 사람이야."

혜리가 말을 끝마치자 아름이가 혜리를 부럽다는 듯 물끄러미 바라보았다.

"넌 어쩜 그렇게 말을 술술 잘하니?"

"아냐, 사실은……."

혜리는 이 모든 게 스티브 잡스와 초콜릿맨이 가르쳐 준 것이라고 고백하고 싶었다. 그러나 비밀을 지켜야 했기에 입을 꾹 다물 수밖에 없었다.

"혜리야, 고마워. 넌 발표도 잘하고 인기도 많고…… 그리고 참 멋진 것 같아."

아름이가 혜리에게 조심스럽게 말했다.

그때였다. 멀리서 현아가 혜리 쪽을 쳐다보고 있는 게 보였다. 혜

리와 눈이 마주친 현아는 쌩하고 찬바람이 불 정도로 냉정하게 돌아서 버렸다.

본다, 멈춘다, 말한다

　미국 전 대통령이었던 로널드 레이건은 유명한 배우였습니다. 대통령 선거에 나갔을 때도 화려한 말솜씨로 유명했지요. 발표를 너무나 잘해서 전 국민의 박수를 받곤 했습니다. 하지만 로널드 레이건도 처음부터 말을 잘했던 건 아니에요. 한때 라디오 디제이로 일을 한 적이 있었는데, 말을 너무나 못해서 해고됐다고 합니다. 그런 로널드 레이건이 발표의 왕이 되고, 결국 대통령의 자리에 오를 수 있었던 것은 바로 이것입니다.

　"See-Stop-Say!"

　이것은 '본다, 멈춘다, 말한다'입니다.

　원고를 보고, 잠깐 말을 멈추고, 다시 청중을 바라보며 말을 하는 것입니다. 이 말은 매우 중요합니다. 여러분은 반드시 이 방법을 익히도록 하세요.

　이 방법을 쓰면 우선 청중은 마음이 편안해집니다. 자신을 바라봐 주니까요. 그리고 발표를 하는 여러분도 편안해하는 청중을 보면서 자신감을 갖게 됩니다.

또 여러분은 발표를 하는 속도를 조절할 수 있습니다. 전달하고자 하는 내용을 여러분 마음대로 천천히 또는 빨리 할 수 있습니다. 이것도 매우 중요합니다. 왜냐하면 여러분은 청중의 반응을 살피면서 청중이 지루해하는 것 같으면 빨리 진행하고, 청중이 관심이 가지면 천천히 집중적으로 설명하면 되니까요. 그래야만 여러분이 청중에게 전달하고자 하는 말이 매우 정확하고 확실하게 전달될 것입니다.

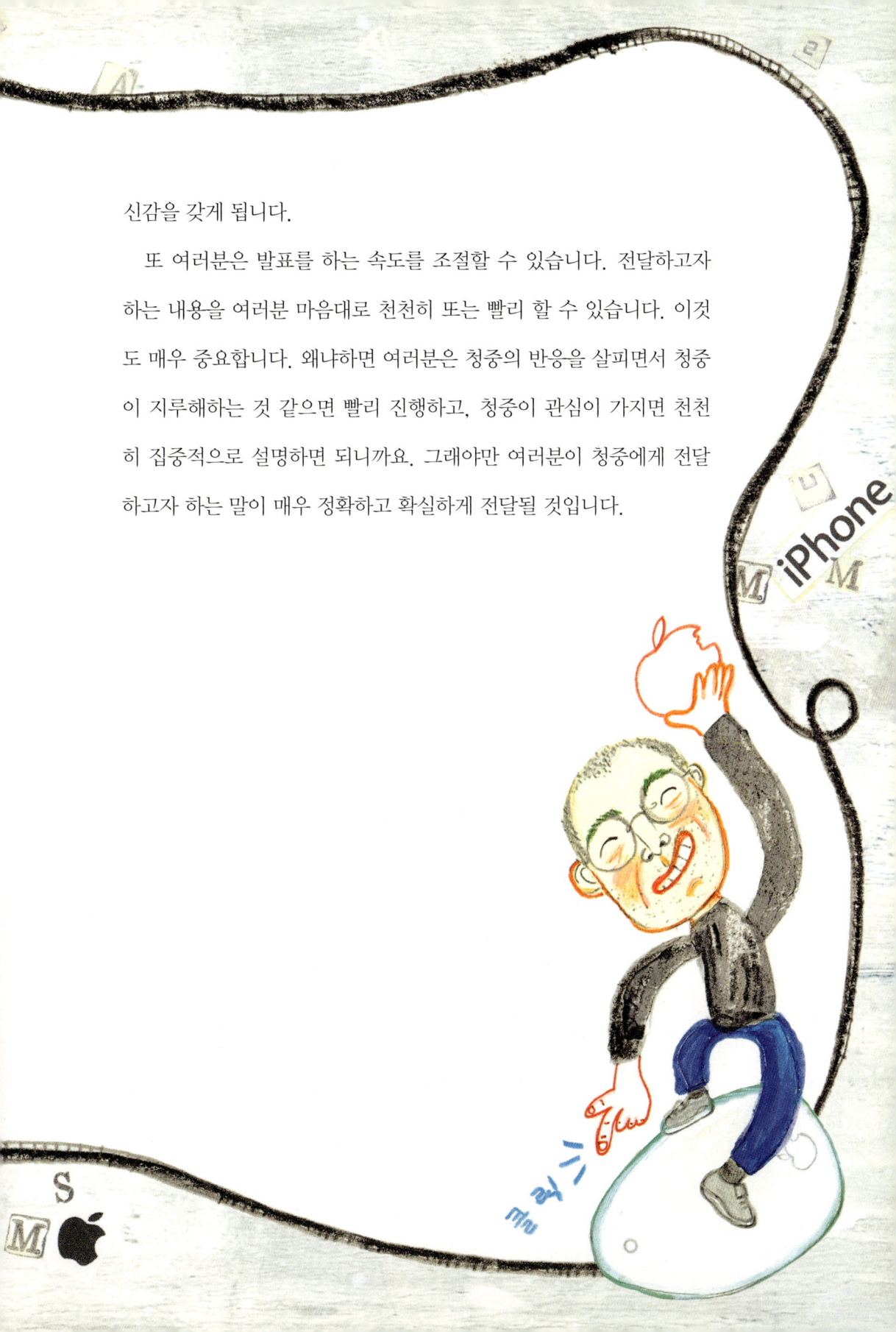

한가로운 오후였다. 혜리는 여느 때와 마찬가지로 진수와 함께 초콜릿맨의 방송 준비를 돕고 있었다. 방송 시그널 음악이 시작됐다.

"네, 여기는 고다 방송국입니다. 저는……."

방송 멘트를 시작하려던 초콜릿맨이 갑자기 털썩 쓰러지고 말았다. 놀란 진수가 초콜릿맨을 흔들어 깨웠다. 그러자 초콜릿맨이 "배가…… 배가…… 아파!" 하며 바닥을 뒹굴기 시작했다.

"어쩌지? 방송은 시작됐는데!"

혜리가 발을 동동 굴렀다. 진수가 휴대전화를 꺼내 응급 구조대를 불렀다.

"빨리 음악부터 틀어야겠다!"

혜리가 음악을 틀자, 댓글이 올라오기 시작했다.

깐죽이   왜 그러지? 무슨 일 있으삼?
duseh   난 오늘 허수아비 노래 듣고 싶은데. 신청곡 받아 주세요!

sfcild   초콜릿맨 님 오늘 제 고민 좀 해결해 주세요!

음악 두 곡이 끝나갈 무렵에 구급대원들이 도착했다. 진수는 초콜릿맨과 함께 병원으로 갔다. 혜리는 남아서 이미 시작한 방송을 정리하기로 했다.

혜리는 마이크를 붙잡고 더듬더듬 떨리는 목소리로 진행을 하기 시작했다.

"아, 네…… 오늘 초콜릿맨이 갑작스러운 일로 방송을 못하게 되었습니다. 그래서 제가 대신 방송을…… 이, 이어서…… 할까 하는데…… 첫 번째 사연……. 아, 어디까지 이야기했죠? 맞아, 사, 사연 소개!"

혜리가 말을 더듬고 있을 때였다. 게시판에 댓글이 주르륵 올라왔다. 모두 방송이 재미없다는 항의의 글이었다.

깐죽이   차라리 방송을 그만하지 그래?
홍이   에이, 오늘 방송 꽝이다.
rkfkrkf   꺼 버려!

혜리는 시시각각 올라오는 댓글을 보자 힘이 쭉 빠졌. 초콜릿맨이 준비해 놓은 방송 대본이 보였지만 읽을 수조차 없었다. 혜리는 음악만 연달아 네 곡을 틀어 버렸다. 그렇게 네 번째 음악이 끝날 때까지 혜리는 고개를 숙인 채 아무 말도 하지 못했다.

그때였다. 혜리의 휴대전화로 문자가 왔다.

초콜릿맨은 괜찮아. 초콜릿을 한꺼번에 너무 많이 먹어서 쇼크가 온 거래. 방송은 잘하고 있어?

혜리는 힘없이 '방송을 포기해야 할 것 같아.'라고 답장을 썼다. 그러자 다시 문자가 왔다.

방송을 포기해야 할 것 같아.

이건 초콜릿맨이 하려는 말을 대신 전해 주는 거야.

말하기 좋은 자세로 마음을 가다듬고 앉아서 하고 싶은 말을 정확하게 이야기해.

말을 더듬더라도, 중간에 한 말을 까먹더라도 포기하지 마. 아직 네가 하고 싶은 말이 정리가 안 돼서 그런 거니까. 조금만 더 연습하면 돼!

"안 되겠어! 난 못해……."

헤리는 고개를 숙이고 말았다. 그때 메시지가 날아왔다. 스티브 잡스로부터 온 것이었다.

[2012년 6월 19일 화요일]

 내 이야기 들은 적 있니? 난 발음도 안 좋고, 목소리도 개미만큼 작은 애였어. 그래서 말하기 훈련을 하려고 동네 유치원 애들을 모아 놓고 노래를 부르고, 발표 연습을 한 적도 있어. [오후 5:50]

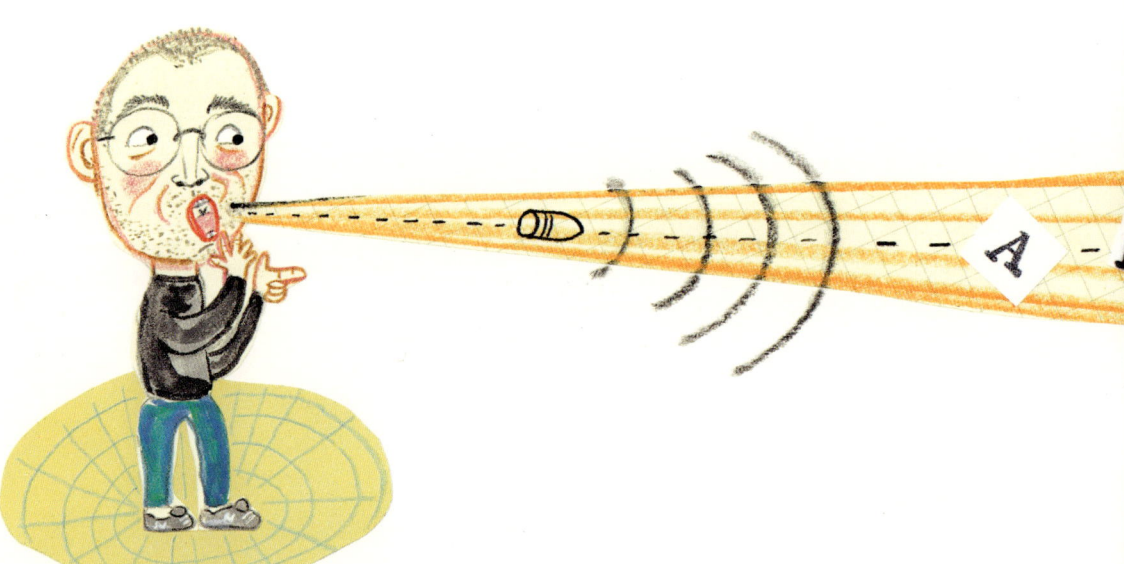

[오후 5:51] 지금은 실전이라고요. 그런 위로는 아무 소용이 없어요.

혜리는 금방이라도 울 것 같은 목소리로 투덜거렸다. 노래가 끝났다. 혜리는 또 다른 노래의 시작 단추를 눌러 버렸다.

한번은 이런 적도 있어. 사람들 앞에서 말하는 게 너무 떨려서 곰돌이 인형을 놓고 말하기 연습을 했어. 또 내 입이 총이라는 상상도 했지. 입에서 나오는 말은 총알이고 말이야. 땅야, 땅야! 총알로 곰 인형을 조준하여 맞춘다고 상상하면서 말했더니, 멀리 있는 사람들한테까지 목소리가 전해질 정도로 크고 또렷하게 말할 수 있게 되더구나. [오후 5:53]

[오후 5:53] 그렇게 말씀하셔도 소용없어요. 진 이미 실수를 엄청나게 해 버렸단 말이에요.

혜리는 방송에서 한마디 말도 하지 못했다. 결국 그날 방송은 두 시간 동안 음악이 나가는 것으로 대체되었다.

초콜릿맨이 돌아오자, 혜리는 고개를 숙인 채 아무 말도 하지 못했다.

"혜리야."

초콜릿맨이 혜리를 불렀다. 하지만 혜리는 아무 대꾸도 하지 않고 밖으로 나가 버렸다. 혜리는 자신이 방송을 망쳤다는 죄책감 때문에 쥐구멍에라도 숨고 싶은 기분이었다.

그날 저녁, 집으로 돌아간 혜리는 이불을 뒤집어쓴 채 펑펑 울었다. 그런데 불행한 사건은 방송 사고만이 아니었다. 혜리 앞에는 엄청난 사건 하나가 더 기다리고 있었다.

다음 날 학교에 간 혜리는 학급 게시판에 쓰인 자기 이름을 발견하고 눈을 휘둥그레 치켜떴다.

"이게 뭐야?"

"어, 넌 얘기 못 들었어? 선생님께서 발표 대회에 나갈 사람으로 너하고 현아를 꼽았어."

"발표 대회는 현아가 나가기로 한 거잖아."

"그랬지. 그런데 어제 현아가 선생님께 너랑 공동 후보로 연설해 보고 싶다고 말씀드렸대. 그래서 너랑 둘을 내보내기로 하셨다던걸."

"나한텐 상의도 없이 어떻게 그런 결정을 할 수가 있어?"

혜리가 소리를 빽 내질렀다.

"무슨 소리야? 현아는 너하고 얘기가 다 됐다던데."

"뭐?"

혜리는 현아 쪽을 바라보았다. 현아가 피식 웃음을 흘렸다. 어디 두고 보자는 식의 야비한 표정이었다.

'말도 안 돼! 전교생이 다 모이는 자리에서 연설을 하라고? 난 아무런 준비도 못했는데…….'

혜리는 한숨을 내쉬었다.

그날, 학교를 마친 혜리는 곧장 집으로 가 버렸다. 진수가 초콜릿맨에게 가자고 말했지만 혜리는 대꾸조차 하지 않았다.

혼자 초콜릿맨의 방송국을 찾은 진수는 땅이 꺼지도록 한숨을 내쉬었다.

"휴…….'

"왜 그래?"

진수는 학교에서 있었던 일을 꺼내 놓았다.

"현아가 혜리를 질투하는 것 같아요. 아름이가 부쩍 혜리하고 친해졌거든요. 다음 달에 '나의 꿈, 나의 미래'라는 주제로 전교생 앞에서 발표를 하는 대회가 있어요. 그 대회에는 현아만 나가기로 되어 있었는데, 갑자기 현아가 선생님한테 자기랑 혜리를 같이 출전시켜 달라고 부탁한 거예요."

"그래서 어떻게 됐어?"

"어떻게 되긴요. 현아는 미리부터 준비를 해 뒀으니까 엄청 잘하겠죠. 하지만 혜리는 준비도 안 된 상태잖아요. 대회까지 겨우 3주밖에 안 남았는데 지금 와서 준비한다고 뭐가 달라지겠어요? 보나마나 전교생 앞에서 망신거리가 될 거예요."

"혜리가 많이 속상하겠구나."

"엄청 울었어요."

"그래서 방송국에도 안 온 거구나."

초콜릿맨은 기운이 빠졌는지 어깨를 축 늘어뜨렸다. 하지만 방송이 시작되자 언제 그랬냐는 듯 활발하고 당당한 목소리로 방송을 이어 나갔다. 진수는 속으로 초콜릿맨이 부럽다고 생각했다.

"방송도 끝났으니까 우리 혜리한테 위문 공연이나 가 볼까?"

초콜릿맨이 마이크 전원을 끄며 말했다. 진수는 냉큼 고개를 끄덕였다. 그날 저녁, 진수와 초콜릿맨은 혜리의 집을 찾아갔다. 초인종 소리를 들은 혜리가 힘없이 문을 열고 나왔다.

"오늘은 터진 만두를 위해 초콜릿맨과 찐빵 소년이 위문 공연을 왔습니다. 자, 찐빵 소년 님, 터진 만두를 보니 기분이 어떤가요?"

"네, 아주……."

진수가 말을 하려는데 혜리가 툭 가로막아 버렸다.

"난 괜찮으니까 그렇게 애쓰지 않아도 돼."

"이대로 포기할 거야?"

진수가 물었다.

"뭘?"

"발표 대회 말이야!"

"그럼 어떻게 해? 나 같은 게 거기 나가면 얼마나 망신을 당하겠어? 넌 내가 망신을 당했으면 좋겠어? 그런 거야?"

"혜리야……."

진수가 실망한 표정으로 혜리를 보았다. 그러자 초콜릿맨이 둘 사이를 불쑥 파고들며 말했다.

"혜리야, 내가 한 말 잊었어? 말할 땐 자신감을 가져야 해. 두려운 마음만 없애면 돼! 그래, 물론 네가 실수를 하면 친구들이 웃을지도 몰라. 하지만 친구들은 너의 실수를 금방 잊어버릴걸? 생각해 봐. 너도 친구들의 모든 실수를 기억하고 있는 건 아니잖아. 실수한 그 순간 너도 친구들과 같이 웃어 버리는 거야. 그리고 잊어버리면 돼. 두려운 마음은 생길 틈이 없지. 그리고 다음번에 잘하면 되지 뭐."

"그게 말처럼 쉬운 게 아니에요! 아저씨가 저 같은 실수를 해 보셨어요? 그렇게 웃음거리가 되어 보셨어요?"

혜리가 벌컥 소리를 질렀다.

"그래."

초콜릿맨이 진지한 목소리로 대답했다.

순간, 혜리의 눈동자가 파르르 떨렸다.

"나도 늘 실수만 하는 사람이었어. 그래서 사람들 사이에 나서지 못하고 두려워했지. 하지만 자신감을 얻는 순간 세상이 달라졌어. 지금의 초콜릿맨이 된 거야. 혜리야, 넌 할 수 있어. 나랑 진수랑 같이 연습하자!"

"그래, 특별훈련을 하는 거야!"

진수도 함께 거들었다.

혜리는 자기도 모르게 고개를 끄덕이고 말았다. 초콜릿맨과 진수의 진심을 차마 거절할 수가 없었다.

앞으로 발표 대회까지 남은 시간은 딱 3주.

혜리는 힘을 내서 초콜릿맨과 함께 특별훈련을 하기로 했다. 먼저, 혜리는 큰 거울 앞에 섰다. 전신이 다 드러나 보이는 거울이었다. 그 앞에 선 혜리는 자기 얼굴을 보면서 말하기 훈련을 시작했다.

"어느 정도 자신감이 붙었으면 우리 둘한테 연습한 내용을 말해 봐. 발표하듯이 말이야."

초콜릿맨이 말했다.

"아직……."

헤리는 무척 망설였다. 그런데 헤리의 아이패드가 반짝였다. 스티브 잡스가 보낸 글이었다.

[2012년 6월 29일 금요일]

 훈련은 잘되고 있니? [오후 4:35]

[오후 4:35] 전혀 발전이 없어요. 이렇게까지 연습을 하는데도 발전할 기미가 없다니……. 전 발표에 소질이 전혀 없나 봐요.

그러자 곧바로 다음 글이 달렸다.

 내가 스탠포드 대학교 졸업식을 축하하기 위해 연설을 할 때였어. 거기 모인 수만 명의 사람에게 연설을 했을 때 경험이야. 사람들이 나만 쳐다보고 있었지. 내가 무슨 말을 할지 기대하는 표정이었어. 난 뜸을 들이다가 어렵사리 말을 꺼냈지. [오후 4:36]

헤리 최대의 위기 149

오, 대학교 졸업식을 이렇게 가까이에서 본 건 처음이에요! 전 대학교도 졸업하지 못했잖아요. [오후 4:36]

그랬더니 사람들이 픽픽 웃음을 터트렸어. 난 솔직하게 사람들에게 얘기했어. [오후 4:37]

전 오늘 여러분께 어떤 말씀을 드려야 할지 몰라서 여러 가지 이야기를 준비했어요. 그런데 막상 여러분의 얼굴을 보니까 그 이야기가 하나도 기억이 안 나네요. 열심히 준비했는데, 아까워요. [오후 4:38]

사람들이 또 웃더구나. 난 마음을 차분하게 가라앉히고, 세 가지를 이야기하겠다고 했지. 뭐, 대단한 이야기는 아니고, 그냥 내가 살아오면서 느낀 것 딱 세 가지만 이야기할 거라고 했어. [오후 4:39]

그랬더니 딱딱하게 얼어붙어 있던 사람들이 내 이야기에 귀를 기울이기 시작했어. 난 아주 조심스럽게 내가 살아온 과거에 대해서 이야기했지. [오후 4:40]

혜리가 아이패드를 들여다보고 있을 때였다. 옆에서 기웃거리던 초콜릿맨이 아는 척을 했다.

"이 방법은 스티브 잡스 스승님이 주로 쓰는 말하기 비법이야. 모두가 공감할 만한 이야기를 먼저 꺼내고, 본론을 이야기하지."

"어떻게요?"

혜리가 묻자 초콜릿맨이 대답했다.

"스탠포드 대학교 졸업식 축하 연설 자리에서 '오, 전 대학교 졸업식을 이렇게 가까이에서 본 건 처음이에요!' 하고 사람들이 솔깃해할 만한 이야기를 하는 거야. 그러면 사람들은 '저 사람은 대학을 졸업하지도 않았는데 어떻게 여기까지 왔을까?' 하고 궁금해하겠지. 그때부터 사람들은 그다음 이야기를 진지하게 듣기 시작해. 알겠니? 자연스럽게 사람들이 이야기를 듣고 싶도록 만드는 방법! 인상에 남는 이야기를 하는 거야. 그다음에 이야기하고자 하는 내용의 핵심을 말해."

"그래서 사람들이 스티브 잡스의 이야기에 귀 기울일 수밖에 없는 거구나!"

진수가 고개를 끄덕였다.

내 자랑은 아니지만, 난 완벽한 말하기를 위해서 내가 무슨 이야기를 하고자 하는지 정리하는 습관을 가졌지. 덕분에 나는 깔끔하게 내가 전하고자 하는 핵심을 전달하게 됐어. [오후 4:40]

"말하는 내용을 정리하는 습관은 나한테도 큰 도움이 됐어. 난 거

기다가 구체적인 사실을 덧붙여 말하는 연습을 했지. 예를 들어서 어떤 과학자한테 '연구가 어느 정도 진행됐습니까?' 하고 물었다고 치자. A라는 과학자는 '어느 정도 많이 진행됐습니다.'라고 대답했고, B라는 과학자는 '74.5퍼센트까지 진행됐습니다.'라고 대답했어. 어떤 쪽의 대답이 더 신뢰가 가니?"

초콜릿맨의 말에 진수는 눈을 굴리다가 대답했다.

"전 B라는 과학자 말이 더 신뢰가 가요."

"그래, 같은 내용을 이야기하더라도 정확한 사례나 비유를 들어가며 말하면 다른 사람에게 훨씬 정확하고 분명하게 전달할 수 있는 거지."

"그럼 지금부터라도 발표 때 쓸 원고를 만들어 볼까요?"

혜리가 불쑥 끼어들었다.

"음, 원고는 꼭 필요해. 하지만 준비한 원고를 줄줄 읽기만 하는 것은 좋은 말하기 자세가 아니야. 사람들은 연설의 내용에도 신경을 쓰지만, 말하는 사람이 어떤 자세로 무엇을 이야기하고자 하는지에도 관심을 갖는단다. 그러니까 여러 사람 앞에서 발표를 할 때는 네가 말하고자 하는 내용이 네 머릿속에 다 들어 있어야 해. 그걸 이야기하면서 사람들의 표정과 태도를 살펴보고, 그때그때 적절하게 손짓도 하고 웃음을 줄 수 있는 유머도 곁들인다면 좋겠지?"

"아, 그래서 지난번에 무호가 연설할 때 재미가 없었구나. 무호는 연설문에 코를 들이박을 것처럼 하고서 준비된 글만 줄줄 읽었어."

진수가 고개를 끄덕이며 말했다.

"그래, 그에 비해서 현아는 연설문을 준비해 오긴 했지만 거의 보지 않았지. 대신 연설을 하다가 아이들을 보고 미소를 짓기도 하고, 손짓을 해 보이기도 했어."

"나도 그런 현아의 모습을 보고 다음엔 무슨 이야기를 할까 하고 기대했던 것 같아."

혜리는 고개를 끄덕였다.

"자, 이제 발표하는 방법을 알았으니까 남은 건 오로지 연습, 연습뿐이야!"

초콜릿맨이 혜리를 향해 주먹을 꼭 쥐어 보였다. 혜리는 빙그레 웃음을 지었다.

발표 연습은 어떻게 해야 하나요?

　여러분은 제가 아주 특별한 방법을 알려 줄 거라고 기대했을 거예요. 세계에서 말 잘하는 걸로 따지면 최고로 치는 스티브 잡스 아저씨니까, 뭔가 대단한 방법이 있을 거라고요. 하지만 발표를 잘하는 방법을 한마디로 한다면 그것은 바로 '연습'입니다. 너무 평범한가요?

　처음에는 누구나 말을 잘 못해요. 하지만 연습하고, 연습하고, 또 연습을 해야만 발표를 잘하게 됩니다. 그리고 실전에서는 무엇보다도 자신감을 가지세요. 자신을 믿는 마음이요. 자신감은 산등성이에 있는 눈덩이 같은 거지요. 산등성이에서 작은 눈 한 움큼이 굴러 내려간다고 상상해 보세요. 처음에는 주먹만큼 작지만, 구르면 구를수록 점점 더 커집니다. 나중에는 집채만큼 거대해지지요.

　자신감을 갖고 도전하는 게 중요해요. 자신감을 갖고 도전했다는 것만으로도 선생님의 주목을 받게 되고, 친구들의 시선을 끌게 되지요. 조금 실수를 하더라도 괜찮아요. 그러면서 자신감은 더욱 커져요. 여러분은 또 다른 일에 도전할 수 있게 되고, 여러분의 능력도 더욱 커지게 됩니다. 상처 받을까 봐 두려워하면 아무것도 못하게 됩니다. 자신감의 눈덩이를 굴리세요. 지금은 보잘 것 없이 작지만, 시간이 지날수록, 계속 도전할수록, 자신감의 눈덩이는 집채만큼 커진답니다.

자신감이 붙었나요? 그렇다면 먼저, 원고를 철저하게 준비하세요. 원고는 너무 복잡하면 안 됩니다. 너무 많은 것을 말하려고 하지 말고, 핵심만 간결하고, 분명하게, 그리고 재미나게 전달하도록 노력하세요. 후다닥 말끝을 흐리며 빨리 말하지 말고, 천천히, 또박또박, 자신의 의사를 분명하게 표현하도록 노력하세요.

그런 다음 읽고, 또 읽고, 소리 내서 읽어 보세요. 큰 소리로 읽는 것이 중요합니다. 큰 소리로 읽는다는 것은, 자신의 목소리를 귀로 들을 수 있기 때문에 오래 기억할 수 있습니다. 자신의 발표 모습을 카메라로 촬영해서 살펴보세요. 단점이 무엇인지 금방 알 수 있어요. 단점이 보이면 고치세요.

또 장소를 바꿔 가면서 연습해 보세요. 만약 교실에서 발표를 할 계획이라면, 교탁에 나가 발표를 해 보세요. 실전처럼 여기고 연습을 하면 할수록 발표에 대한 두려움은 사라지고, 자신감이 생깁니다.

11장
발표 대회까지 특별훈련

[2012년 7월 2일 월요일]

 연습은 잘되고 있어? 떨리진 않아? 침착해야 해! [오후 5:05]

혜리는 아이패드 알림음을 듣고 눈을 비볐다. 스티브 잡스가 또 메시지를 보내온 것이었다.

[오후 5:06] 어휴, 누가 보면 아저씨가 발표 대회에 나가는 줄 알겠어요.

혜리는 답장을 보내고서 피식 웃었다.

어느새 발표 대회가 일주일 앞으로 다가왔다. 그동안 혜리는 진수와 초콜릿맨 앞에서 연설문을 외웠다.

집에 돌아가서도 훈련은 계속됐다. 혜리는 밤마다 거울을 보며 연습하기를 반복했다. 볼펜을 입에 물고서 '아에이오우' 하고 정확한 발음을 연습하고, 모든 사람이 들을 수 있도록 큰 목소리를 내기 위해 '아아!' 하고 발성 연습을 하기도 했다.

연습을 할 때, 헤리에게 특히 도움이 된 것은 스티브 잡스가 해 준 이야기들이었다.

[2012년 7월 6일 금요일]

 부끄러운 일이지만, 난 내가 세운 회사에서 쫓겨난 적도 있어. [오후 5:07]

 내 실력만 믿고 고집을 부리다가 일어난 결과였지. [오후 5:07]

난 사람들을 설득하려고 하지 않았어. 내가 생각한 걸 다른 사람도 당연히 이해해 줄 거라고 믿었던 거야. 그때 난 다른 사람의 마음을 설득한다는 게 얼마나 중요한 일인지 상상도 하지 못했어. [오후 5:08]

 '왜 내 마음을 몰라주는 거야! 바보 같은 녀석들!' [오후 5:09]

 난 화를 내며 불평했지. [오후 5:09]

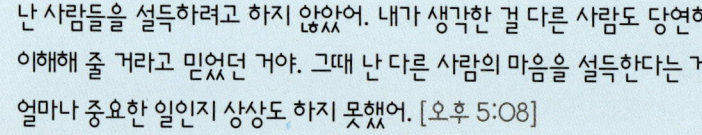 하지만 지금 생각해 보면 그때 내가 해고당하지 않았더라면 오늘날의 스티브 잡스는 없었을 거야. 내가 만든 회사에서 쫓겨났다는 건 망신스러운 일이었지만, 내가 어떤 잘못을 하며 살아왔는지를 깨달을 수 있는 중요한 계기가 됐거든. [오후 5:10]

 난 그때부터 성공하기 위해서가 아니라 내 인생을 즐기기 위해 일하기 시작했어. 덕분에 '픽사'에서 애니메이션을 만들어 세계를 깜짝 놀라게 하기도 하고, 새로운 회사를 만들 아이디어도 얻었지. 아직까지도 많은 친구들이 좋아하는 애니메이션 〈토이스토리〉도 그때 만든 거야. [오후 5:11]

 실패는 두려운 게 아니야. [오후 5:11]

실패도 아주 엄청난 힘을 준단다. [오후 5:12]

 만약 내가 실패를 맛보지 않았더라면, 지금 같은 엄청난 일을 해낼 수 있었을까? 명심해야 해, 혜리야. 실패를 두려워해서는 안 돼. [오후 5:12]

[오후 5:13] 알았어요. 실패하더라도 실망하지 않을게요.

　혜리는 답장을 보내고 거울을 바라보았다. 거울 속의 혜리가 방긋 미소를 보였다. 혜리는 주먹을 꼭 움켜쥐었다.

　혜리는 아침마다 옥상에 올라가서 "괜찮아, 실수 좀 하면 어때!" 하고 외쳤다. 그러고서 거울을 보며 준비한 연설문 내용을 실전처럼 여러 번 읽었다. 연설문을 외우게 되자 혜리에게는 조금씩 여유가 생겼다.

[2012년 7월 10일 화요일]

 내가 회사로 돌아오게 됐을 때였어. [오후 4:44]

직원들 앞에서 연설을 하게 됐지. [오후 4:44]

 그때 시작을 뭐라고 했게? [오후 4:45]

[오후 4:45] 뭐라고 하셨는데요?

 오, 실패란 놈은 정말 독하고 쓴 약이었어요. [오후 4:46]

 하지만 전 그게 필요한 환자였나 봐요! [오후 4:46]

 성공했을 때는 과연 '이걸 성공할 수 있을까?' 하고 확신이 보이지 않았는데, 실패하고 보니 확신이 생기더군요. '난 성공할 수 있다!' 이런 확신 말이에요. [오후 4:47]

 그때 난 날 내쫓았던 동료들을 바라보며 또박또박 말했지. 하지만 나도 사람인데 떨리지 않을 순 없었어. 그래서 내가 생각해 낸 방법이 뭐였게? [오후 4:48]

[오후 4:49] 뭐였는데요?

날 바라보고 있는 동료들을 나무라고 생각하기로 했지! [오후 4:50]

나무 한 그루, 나무 두 그루, 나무 세 그루……. 순간, 마음이 정말 편안해지더구나. 아무도 없는 숲속에서 연설하는 기분이었어. [오후 4:51]

잡스의 글을 읽고 혜리는 엷은 미소를 띠었다.

"혜리야, 준비는 잘되어 가?"

진수가 물었다. 혜리는 깔깔깔 웃음을 터트리고 말았다.

"왜 그래?"

"너도, 초콜릿맨도, 스티브 잡스 아저씨도 온통 관심이 내 발표 대회에만 집중되어 있는 것 같아서."

"그럴 수밖에 없잖아. 우린 친구니까."

"고마워……. 잘할게."

혜리는 주먹을 꼭 쥐며 말했다.

집으로 돌아간 혜리는 거울을 향해 큰 소리로 말했다.

"난 할 수 있어! 난 자신 있어! 난…… 정말 멋진 아이니까!"

감탄사를 터트려라!

저는 프레젠테이션을 할 때 강한 인상을 주려고 해요. 사람들의 뇌리에 깊게 남을 만큼 강한 인상을 주려고 합니다. 그래서 한번은 이런 말을 하기도 했어요.

"해군이 되느니 해적이 되자!"

이 말을 직원들에게 했을 때 반응이 아주 좋았지요. 정말 해적이 되자는 말이 아니라, '새로운 것에 도전하자'라는 뜻입니다. 저는 이렇게 기억에 오래 남을 수 있는 문구를 자주 사용해요.

그래서 저는 발표를 할 때도 감탄사를 자주 씁니다. 맥킨토시를 소개할 때는 "미치도록 훌륭해요!"라는 감탄사를 사용했어요. 사람들의 머릿속에 이 말은 깊은 인상을 남겼지요. 그리고 그 후로 이 말은 저를 상징하는 단어가 되었답니다.

"근사해요!", "대단해요!", "놀랍지요!", "믿을 수 없어요!"

저는 발표를 할 때 이런 감탄사를 넘치고 넘칠 정도로 사용합니다. 어떤 사람들은 비웃을 정도예요. 하지만 감탄사를 자꾸 쓰다 보면 판소리의 추임새처럼 듣는 사람은 흥이 나고 기분이 좋아지지요.

이런 감탄사를 넣지 않고, 그냥 제품 설명을 한다고 생각해 보세요. 청중이 얼마나 따분하겠어요? 제가 감탄사를 자꾸 터트리는 것은 청중이 제게 집중하게 만들기 위해서예요.

여러분도 발표를 할 때 감탄사를 터트리세요. 따분하고 지루한 발표가 신이 나고 즐거워질 거예요.

"근사해요!", "대단하지 않나요?", "우아, 믿을 수 없는 일을 제가 하겠다는 겁니다!"

이렇게 외쳐 보세요. 청중은 여러분의 말에 귀를 기울이게 되고, 감탄하게 될 것입니다. 이것 하나만으로도 여러분의 발표는, 다른 사람과 확실하게 달라질 수 있어요. 단지 입으로만 감탄사를 터트리지 말고, 손뼉을 치기도 하고, 두 손을 맞잡고 흔들거나, 머리를 흔들어 보세요. 여러분의 몸짓이 더욱더 청중의 눈길을 사로잡을 것입니다.

물론 이런 감탄사도 그냥 생각나는 대로 아무 때나, 그저 할 말이 없을 때 하는 건 아니에요. 철저하게 계산해서 준비하고 연습해야지요.

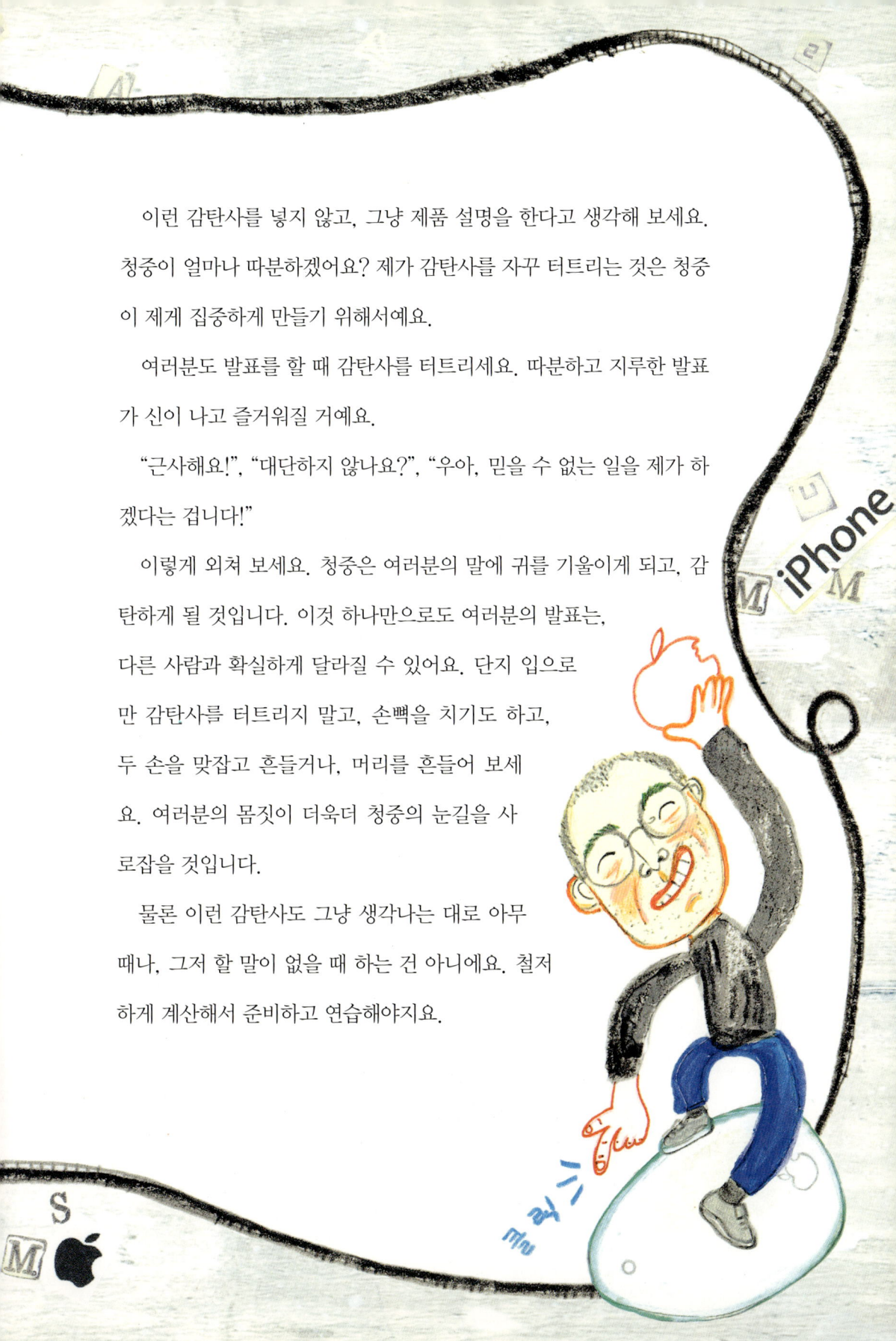

12장
두근두근 발표 대회 날

마침내 발표 대회 당일이 되었다.

각 학년 대표가 강당 연설대로 올라가 발표를 시작했다. 후보 한 사람, 한 사람의 연설이 시작되자 아이들은 집중하기 시작했다. 혜리는 떨리는 표정으로 대기실에서 강당 쪽을 바라보았다. 저 수많은 관객이 나를 바라보면 어떤 기분일까 하는 생각이 들었다.

"준비는 잘했어?"

말을 꺼낸 건 현아였다.

"대충."

혜리가 시큰둥하게 대꾸했다.

"어머, 대충해서 되겠니? 넌 실력이 한참 모자라니까 죽을 각오로 연습을 했어야지. 보나마나 이번 대상은 내 차지가 되겠지만."

현아의 말에 혜리는 이를 악물었다.

"이번 순서는 5학년 3반 대표 최현아!"

진행자가 현아의 이름을 불렀다. 현아는 찰랑거리는 머리카락을 손등으로 툭 치듯 넘기고서 연설대를 향해 걸어갔다. 혜리는 그 모습을 물끄러미 바라보았다. 순간, 혜리는 놀라운 점을 발견할 수 있었다. 현아의 다리가 후들거리고 있는 것이었다.

'현아도 발표를 두려워하는 건 우리랑 마찬가지였구나.'

혜리는 어쩐지 자신감이 생기는 것 같았다.

현아의 발표가 끝나자 진행자가 혜리의 이름을 호명했다. 혜리는 준비한 원고를 들고 연설대로 올라갔다.

"안녕하세요, 저는…… 자신감도 없고, 사람들 앞에 서는 걸 두려워하는 평범한 이혜리라는 아이입니다. 저는 친구들 앞에서 자신 있게 말하는 법을 잘 몰라서 늘 두려워하고 숨었습니다."

혜리는 말을 하다 말고 강당에 모인 아이들을 둘러보았다. 그러자 딴짓을 하는 아이, 친구들과 수다를 떠는 아이, 혜리를 빤히 보고 있는 아이 등 별별 친구들의 모습이 다 보였다. 혜리는 잠시 숨을 크게 내쉬고 말을 이었다.

"그런 주제에 저는 아나운서가 되고 싶었습니다. 물론 불가능한 꿈이라고 건 알고 있었지요. 저처럼 자신도 없고 용기도 없는 애가 많은 사람들에게 뉴스를 전달하는 아나운서가 될 수 있을 리 없다고 생각했으니까요. 하지만 그런 저에게 희망의 씨앗을 선물해 주신 분이 계십니다. 실패하고 괴로워하고 포기하고 싶었는데도 저와 함께 고민해 주고 실패 원인을 찾기 위해 노력해 주었습니다. 무엇보다도 저를 믿어 주었습니다. 그분은 세상을 바꾼 놀라운 분입니다. 그분은 제게 씨앗을 하나 주셨습니다. 그 씨앗에는 '희망'이란 글씨가 새겨져 있었습니다. 저는 씨앗에 물을 주었습니다. 그러자 씨앗은 날마다 무럭무럭 자랐습니다. 물론 물 주는 일이 생각처럼 쉽지는 않았습니다. 씨앗은 큰 나무가 됐습니다. 그리고 열매를 맺었고, 그 열매에는 '자신감'이란 글씨가 새겨져 있었습니다. 그래서 저는 자신감의 열매를 듬뿍 갖게 됐습니다. 자신감의 열매를 먹자 저는 발표의 능력이 생겼습니다. 그리고 발표 능력이 얼마나 중요한지 깨달았습니다. 발표는 제 마음을 표현하는 것입니다. 제 마음을 표현할 줄 알아야 제 꿈을 펼칠 수 있는 것입니다. 조개처럼 입을 꾹 다물고 있으면 다른 사람이 시키는 일밖에 할 수 없습니다. 제 인생은 제가 주인공입니다. 여러분도 주인공으로 살고 싶다면 마음껏 발표하세요. 그래야 꿈을 펼칠 수 있습니다."

혜리가 두 손을 가슴팍에 모으고 인사를 했다. 그러자 아이들이 박수를 치기 시작했다.

순간, 혜리는 가슴 밑바닥에서 뜨거운 무언가가 자라는 것을 느꼈다. 그것은 스티브 잡스가 심어 준 세상에 대한 자신감의 나무였다. 혜리는 고개를 들어 진수가 있는 쪽을 바라보았다.

진수가 엄지손가락을 하늘 높이 치켜 올렸다.

혜리는 방긋 웃었다.

그날, 대회의 대상은 현아였다. 혜리는 현아보다 못한 우수상을 받았지만 자신이 사람들 앞에서 이토록 당당하게 말할 수 있다는 것만으로도 충분히 만족스러웠다.

대회가 끝난 후 혜리와 진수는 초콜릿맨을 찾아갔다.

"어? 어디 가시려는 거예요?"

초콜릿맨의 방송국 안으로 들어가자 커다란 짐가방이 눈에 띄었다. 혜리와 진수는 가방을 가리키며 물었다.

"여행을 좀 가려고."

"어디로요?"

"목적지가 정해지면 알려 줄게. 그건 그렇고, 내가 너희에게 부탁이 하나 있단다."

초콜릿맨이 흠흠 하고 목청을 가다듬더니, 어렵사리 입을 뗐다.

"뭐냐면…… 내가 없는 동안 방송을 좀 맡아 줬으면 해."

"우리가 어떻게……."

"아냐, 너희라면 충분히 할 수 있을 거야. 혜리는 다른 사람의 고민을 진지하게 들어 주고, 섬세하고 따뜻하게 보살펴 줄 수 있는 능력이 있어. 진수는 말을 듣는 사람으로 하여금 유쾌하고 즐거운 기분을 느끼게 해 주지. 너희 둘이라면 내 방송국을 맡길 수 있을 것 같다."

혜리와 진수는 망설이지 않을 수 없었다. 둘이 머뭇거리고 있는데, 초콜릿맨이 마이크를 덥석 안겨 주었다.

"이제 난 자유롭게 여행할 거야. 그동안 바쁜 방송 때문에 쉰 적이 없거든. 그럼 난 간다!"

혜리와 진수가 진행하는, 아니 터진 만두와 찐빵 소년이 진행하는 고다 방송은 인기 최고였다. 방송을 할 때마다 게시판에는 수많은 사연이 올라왔고, 고민을 털어놓는 사람도 늘어났다.

"네, 청취자 여러분! 안녕하셨나요? 여기는 태양계 지구별, 그것도 대한민국에 있는 고다 방송국입니다. 자, 우리 고다 방송국의 숨은 뜻은 모두 알고 계시죠? 그래요, 고민 있으신 분은 다 와서 털어놓는 방송국이란 거죠! 첫 번째 고민을 받아 볼까요? 찐빵 소년 님 고민을 읽어 주세요!"

"네, 이번 고민은 현아라는 분이 올려 주신 것입니다. '전 친하게 지내고 싶은 아이가 있지만 말 한마디 못 붙이고 있습니다. 점점 제 친구를 빼앗아 가는 것 같다는 생각이 들어서 일부러 심술도 부렸지요. 하지만 시간이 지날수록 다른 친구들이 그 아이와 친해지고 싶어 하는 이유가 뭔지 알게 됐습니다. 그 아이는 항상 자신감 넘치고, 친구들의 고민도 잘 들어 줘요. 그러니 누구든 그 아이와 친구가 되는 거겠지요? 저도 그 아이와 친구가 되고 싶은데…… 먼저 말을 걸 자신이 없어요."

사연을 읽던 진수가 혜리를 바라보았다.

혜리는 사연을 올린 '현아'가 바로 최현아라는 것을 짐작할 수 있었다.

"네, 사연 아주 잘 들었습니다. 현아 님, 고민하지 마세요. 그 아이도 현아 님과 친구가 되고 싶을 거예요. 아주아주 오래전부터 현아 님이 먼저 말 걸어 주기를 기다려 왔을지도 몰라요. 용기를 내세요!"

혜리는 마이크에 대고 말하며 방긋 웃었다.

진수는 그런 혜리를 향해 한쪽 눈을 살짝 감아 보였다.

[2012년 7월 13일 금요일]

 언제든 내 도움이 필요하면 날 부르렴. 도와줘요, 잡스! 이렇게! [오후 5:40]

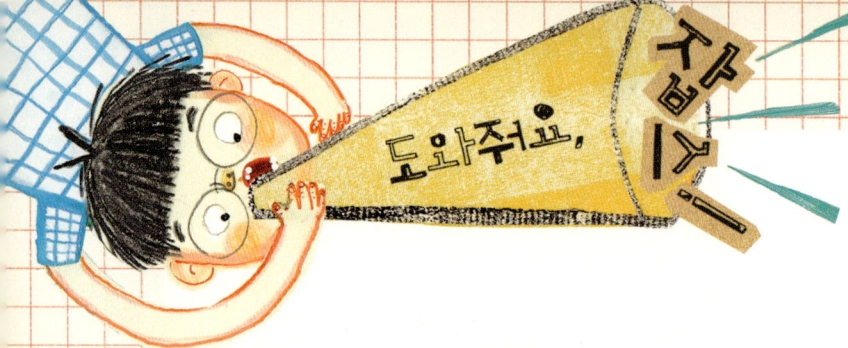

상황에 맞는 복장

　발표를 할 때 사람들은 대부분 정장을 입습니다. 양복에 넥타이를 매지요. 하지만 저는 프레젠테이션을 할 때 항상 청바지에 검은 터틀넥, 그리고 운동화를 신었습니다. 마치 평소에 입던 옷을 그대로 입고 나온 것처럼요.

　어떤 사람은 제 이런 복장을 흉내 내기도 해요. 이렇게 입으면 저처럼 프레젠테이션을 잘하게 될 줄 알고요. 하하, 결론부터 말하자면, 따라 하지 않는 게 좋습니다. 사실 이런 복장은 아주 철저한 작전에서 나온 결과입니다. 평소에 제가 입던 옷을 그대로 입고 나간 것이 아니란 뜻입니다.

　저는 투자를 받기 위해 은행에 갈 때 양복을 입고 갔습니다. 그리고 예전에 발표를 할 때에는 양복을 입었지요. 그런데 무엇보다 자연스럽고 당당한 모습으로 사람들 앞에 나서야겠다는 생각이 들었습니다. 그래서 많은 시간과 노력을 기울여 자연스럽고, 당당한 발표를 하게 됐고, 복장도 그에 맞춰 스타일을 만든 것이지요.

청바지에 검은 터틀넥, 운동화를 신으니까 사람들은 제가 즉흥적인 연설을 하는 것처럼 보더군요. 빙고! 그것이 바로 제 작전이었습니다. 여러 달 동안 수많은 연습을 거듭한 발표였지만, 연습을 전혀 하지 않은 것처럼 보이려고 했지요. 발표를 성공적으로 마치기 위해서는 수많은 연습에서 나오는 자신감이 바탕이 되어야 해요. 그렇게 됐을 때 저처럼 청바지에 검은 터틀넥, 운동화를 신는다면 청중은 여러분을 더욱 인정하게 될 것입니다.

하지만 연습도 부족하고, 발표도 제대로 하지 못하는 상황에서, 복장마저 단정하지 못하다면 청중은 당신을 무시할 것입니다. 예의를 지킬 줄 모르는 발표자라고 생각할 거예요. 무슨 말인지 알겠죠?

스티브 잡스의 일생

스티븐 폴 스티브 잡스(Steven Paul Steve Jobs, 1955년 2월 24일~2011년 10월 5일)는 미국 기업인이며, 컴퓨터 회사인 애플을 세운 사람 가운데 하나이다. 아이폰, 아이패드 등을 내놓으며 IT로 역사를 바꾼 천재라고 불린다.

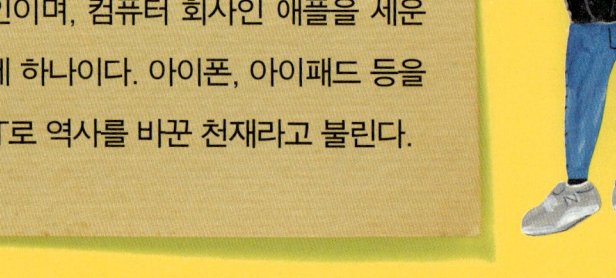

어린 시절

스티브 잡스는 1955년 2월 24일 미국 샌프란시스코에서 조앤 시블과 압둘파타 존 잔달리 사이에서 태어났다. 하지만 불행하게도, 시블의 아버지가 결혼을 반대했고, 잡스는 어쩔 수 없이 새로운 부모인 폴 잡스와 클라라 헤고피언 부부에게 입양되었다. 잡스의 양부모는 행복한 가정이었으나, 아이를 가질 수 없어 잡스를 입양했다. 잡스의 양부모는 잡스가 어렸을 때 입양한 사실을 밝혔다. 잡스는 몹시 혼란스러워했지만, 잡스의 양부모는 그를 많이 사랑했다.

초등학교 때 잡스는 우등생이 아니었다. 학교를 곧잘 빼먹었고, 선생님 말씀을 잘 듣지 않았다. 선생님 의자 밑에 폭음탄을 설치하는 등 온갖 말썽을 피웠다. 선생님이 '학교에 오면 돈이나 사탕을 주겠다'고 구슬려야만 억지로 학교에 가곤 했다. 초등학교 4학년 때 잡 스는 놀라운 경험을 하게 된다. '히스 키트'라고 부르는 아마추어 전자공학 조립품을 우연히 갖게 되고, 이것에 정신없이 빠지게 된다. 잡스는 이 키트로 전자 제품의 놀라운 세계를 알게 되고, 작동 원리까지 터득하게 된다.

고등학교 시절

9100A

잡스는 고등학교 때 많은 학생과 교류하며 전자공학, 수학, 과학 등에 대해 알아 갔다. 그러다가 스티브 워즈니악을 알게 됐다. 스티브 워즈니악은 잡스보다 다섯 살 많은 학생이었지만, 잡스와 워즈니악은 잘 통했고, 1971년에 블루 박스를 제작해 판매하기 시작했다. 이 일은 나중에 애플의 탄생에 큰 기여를 하게 된다. 잡스는 HP 탐구자 클럽이란 모임에서 거대한 몸집의 컴퓨터를 처음 보게 된다. 9100A라고 불린 그건 20킬로그램의 쇳덩어리였고, 계산기의 수준에 불과했지만, 잡스는 아름다움에 매혹됐고, 첫눈에 반해 버렸다. 전자공학에 흥미를 가진 잡스는 고등학교에 다니면서 컴퓨터 회사인 HP에서 조립하는 일을 하거나 전자기기 상점에서 재고품을 정리하는 일을 했다. 그러면서 전자공학에 대한 꿈을 꾸기 시작했다.

대학교 시절

잡스는 대학을 가지 않겠다고 양부모에게 선언했지만, 양부모는 잡스를 설득해 간신히 리드대학교에 입학시킨다. 잡스는 이곳에서 철학을 공부했지만, 들을 가치가 없는 수업에 비싼 학비를 부모님이 내는 것이 싫어서 1학기만 듣고 학교를 그만둔다. 그리고 학비를 내지 않고 학교에 머물며 여러 강의를 자유롭게 듣는다. 이때 글자를 다루는 시각 디자인인 캘리그래피 과목을 열심히 들었고, 이러한 공부는 나중에 컴퓨터의 서체를 아름답게 만들 때 도움이 된다.

리드대학교

대학교 이후

잡스는 캘리포니아 양부모의 집으로 돌아가 직장을 구하기 시작한다. 우연히 '놀면서 돈 버는 회사'란 광고를 보고 비디오 게임 제작 회사인 아타리를 찾아간다. 아타리의 로비에서 직원으로 뽑아 줄 때까지 돌아가지 않겠다고 소동을 피운 덕분에 아타리에 입사한다. 아타리의 창업자 놀런 부시넬은 잡스의 숨은 능력을 높게 평가한다. 잡스는 아타리에서 게임을 개발하고, 누구나 쉽게 할 수 있는 게임을 만들어 내는 등 높은 성과를 낸다. 특히 벽돌 깨기 게임을 개발할 때 칩을 50개 미만으로 사용하면 보너스를 주겠다는 사장의 제안에, 불과 나흘 만에 45개의 칩만으로 비디오 게임을 완성해 5,000달러를 받는 등 사장을 놀라게 한다.

아타리의 비디오 게임

창업

아타리를 그만둔 스티브 잡스는 차고에서 스티브 워즈니악, 론 웨인과 함께 컴퓨터 조립 키트인 '애플 I'을 만들어 팔기 시작한다. 이것이 결국 세계적인 컴퓨터 회사인 애플의 시작이 된다. 애플 I은 모니터도 없고 디자인도 별로였지만, 큰 인기를 끌며 판매가 잘된다. 1980년 잡스는 애플의 주식을 공개하고, 1984년 IBM 컴퓨터에 대항해 애플 리사를 완성해 판매하기 시작한다. 하지만 IBM 컴퓨터에 비해 너무 비싸고, 소프트웨어가 부족해 실패를 하게 된다. 1985년 스티브 잡스는 존 스컬리에 의해 자신이 세운 회사에서 쫓겨나게 된다.

애플 I

새로운 도전

스티브 잡스는 애플을 떠나고 넥스트라는 컴퓨터 회사를 세워 새로운 컴퓨터 운영체제를 개발한다. 또 조지 루카스라는 영화감독이 갖고 있던 컴퓨터 그래픽 회사를 사서 회사 이름을 '픽사'로 바꾸고 애니메이션을 만들기 시작한다. 픽사는 세계 최초의 3D 애니메이션 〈토이스토리〉를 만들어 성공하는 등 세계 최고의 컴퓨터 애니메이션 회사로 성장한다. 1997년 스티브 잡스의 컴퓨터 회사인 넥스트는 애플에 인수된다. 그러면서 스티브 잡스도 애플로 다시 돌아온다.

IT로 일으킨 세계 혁명

스티브 잡스는 애플로 돌아와 최고경영책임자(CEO)의 자리에 다시 오른다. 일 년에 10억 달러의 적자를 내고 망할 지경에 이른 애플은 스티브 잡스가 돌아온 후 4억 달러의 흑자를 내는 회사로 탈바꿈한다. 이런 업적으로 스티브 잡스를 따르는 사람들이 늘기 시작한다.

2004년 잡스는 췌장암에 걸렸다는 걸 알게 되고, 개발을 하며 투병생활을 시작한다. 3년 후, 잡스는 MP3 플레이어인 아이팟, 스마트폰인 아이폰, 태블릿 PC인 아이패드 등을 연달아 내놓으면서 세상을 놀라게 한다. 또한 아이팟과 연결하는 인터넷 음악 스토어인 아이튠즈와 아이폰과 아이패드 사용자를 위한 인터넷 서비스인 아이클라우드 등은 경쟁사들이 따라올 수 없을 만큼의 서비스를 제공한다.

2011년 잡스는 건강이 악화되면서 애플의 최고경영책임자를 그만둔다. 그로부터 두 달 후인 10월 5일 췌장암이 악화돼 갑자기 사망하게 된다. 56세의 나이였다. 애플은 '명확한 비전과 창의성을 지닌 천재를 잃었으나, 애플의 정신으로 영원히 남을 것'이라는 성명을 발표했다.

스티브 잡스 연보

1955년 2월 24일	미국 캘리포니아 주 샌프란시스코에서 조앤 시블과 압둘파타 존 잔달리의 아들로 태어나다
1971년 (16세)	워즈니악과 잡스, 블루 박스를 제작 판매하다 블루 박스는 나중에 애플의 탄생에 기여하다
1972년 (17세)	리드대학교에서 철학 공부를 하다가 한 학기만 수강한 후 중퇴하다
1973년 (18세)	사과 농장에서 공동체 생활을 하다가 스님을 만나 불교에 입문하다
1974년 (19세)	캘리포니아로 돌아와 비디오 게임 제조사 아타리에서 근무하다 7개월 동안 인도 순례 여행을 떠났다가 돌아와 아타리에서 근무하다
1976년 (21세)	스티브 워즈니악, 론 웨인과 함께 애플을 세우다 잡스의 집 차고에서 컴퓨터 조립 키트인 '애플 I'을 만들며 애플이 시작되다
1977년 (22세)	애플 II가 출시되다 애플 컴퓨터 주식회사가 주식 상장을 하다
1984년 (29세)	IBM에 대항해 그래픽으로 운영되는 애플 리사를 내놓다 매킨토시가 처음 공개되다

1985년 (30세)	존 스컬리에 의해 애플에서 해고되다 NeXT 컴퓨터를 창업하다
1986년 (31세)	조지 루카스 영화감독의 컴퓨터 그래픽 회사를 사서, 픽사로 이름을 바꾸고 애니메이션 회사로 키워 내다
1996년 (41세)	애플이 NeXT를 인수해 다시 애플로 돌아오다
1997년 (42세)	애플의 임시 CEO로 활동하다 이후 애플을 바꿔 성공으로 이끌다
1998년 (43세)	아이맥을 공개하다
2004년 (49세)	췌장암으로 투병생활을 시작하다
2007년 (52세)	아이폰을 출시해 스마트폰으로 시대를 바꾸다
2010년 (55세)	아이패드를 출시해 새로운 PC 시대를 열다
2011년 (56세)	애플의 최고경영책임자(CEO)를 그만두다 10월 5일 미국 캘리포니아 주 팰러앨토에서 사망하다 사인은 췌장암